わが文学放浪は今

大橋健三郎

南雲堂

わが文学放浪は今　目次

Ⅰ　アメリカ留学から帰国——戦後の混沌の中へ　7
Ⅱ　母校東京外国語大学勤務の哀歓　33
Ⅲ　学会と私　41
Ⅳ　東大赴任の経緯　63
Ⅴ　学園紛争のただ中で　71
Ⅵ　わが研究の軌跡　89
Ⅶ　暦還《めぐ》り官退き鶴見大学へ　97

Ⅷ　フォークナー研究の表と裏　107
Ⅸ　信濃追分追想　117
Ⅹ　今はかくて　127
Ⅺ　大研——わが勉強会　143
おわりに　155

わが文学放浪は今

Ⅰ　アメリカ留学から帰国——戦後の混沌の中へ

1

前著の『わが文学放浪の記』の最終部にも書いたが、私は一九五一年六月末に、ガリオア基金による約十か月のアメリカ留学から帰国したのだった。のちにもう一度触れるが、本来は一か年留学の規定だったのだが、私の場合には父が留学中に亡くなったため、葬儀のことなどあって、二か月早く離米を認めてもらったのである。その帰国の途次の船中では、留学中の懐郷病的緊張《ノスタルジア》から解放されたお蔭の、一種のんびりしたムードだったが、同時に他方、祖国の日本に待ち受けている生活が未知のために、どこか落ちつかぬ気分も完全に打ち消すことのできぬ状態だった。この船は、アメリカ政府がこの時期に帰国することになった日本人のために、特別に準備してくれた一種の徴用の民間船で、サン・フランシスコからずっと北上して、アリューシャン列島から大圏航路に入り、直接日本まで南下するという、長距離ながらかなりスピーディな航路だったが、私以外の乗っている日本人たち十数人は、何かの特別な仕事からの帰国らしく、みんなそれぞれ違った風体の人たちで、落ちつかぬげにデッキにもたれかかったりしていたものだ。

先にも触れたように、私は留学中に父が他界したため、他の留学生より二か月ほど早く帰国する許しを得て、グループなしのたった一人だったから、それらの人たちにはすぐには親しくなり得なかった。……船のスピードが早く、日本に着くのもいずれまもなくといった感じだったから、落ちつきもしていなかったのだが。それでも異国からの船で、今までは遙かに望見していた太平洋の旅はどことなく刺激的で、帰国ということも心を大きく占めていて、稀な体験として心満つる所もあったのだ。そして予定通りの時間に日本列島に近づき、ついに横浜の港の南桟橋に降りたったときには、乗船していた人たちもそれぞれ皆予定があったと見えて、忽ちにしてどこかへ消えてしまっていた。

私は今日ここへ着くということを、妻に知らせる余裕もなかったし、私の留守中に彼女らが移り住んだ、ただ唐沢《からさわ》という地名だけを頼りに、桟橋から離れた所に留《とど》まっていた数人の人たちと共に、私たちを目的地につれていってくれる筈のバスを待ち受けていたのだった。そのときも果たしてバスがくるものやらいささかの不安があったが、やがて間違いなくそのバスがやってきて、運転手がそれぞれの行き先をきく。やがて十人位だったろうか、ごく少数の帰国者たちを乗せて、運転手はそれぞれの行き先を心得ているらしく、笑顔で車を走らせてゆく。果してちゃんと目的地に着くか、着いたあとわが家まで辿りつくことができるか、不安だったが、幸いなるかな、唐沢のすぐ近くで降りる人が数人あって、そこで下車した私は唐沢の位置をきき、これまた幸いなことだったが、唐沢へ着いてからは、ちょっと近所の人にきいただけでまもなくわが家が見つかり、はっきりせぬ状態でいつ帰るかと私を待ち受けていた妻の手を握りしめて、ちょっとオーバーだが、やっと帰ってきた凱旋将軍のような気持になったものだった。

以上書いたことは、私の帰国という事実だけの記述では、あのうわついた雰囲気を伝えられないと思ったから、前著の流儀で言えば一種の（しょっぱなからではおかしいが）「インタールード（日本古典流に言えば、狂言、もしくは幕合劇）」あるいは「補遺」のつもりで書いたのだったし、これからも元の『わが文学放浪の記』に倣って、ときにそうした余分の文章を挿入したいと思う。いささかでも読者諸兄姉によしとして頂ければ、まことに幸いである。——ところでしかし、この帰国のときには、私はやはり一方では、自分を待ち受けている今後の生活の未知性に、どこか落ちつかぬ思いを禁じ得なかったものだ。帰って住まうことになる土地と住居そのものは今始めて探し当てたのだが、留学中に父は亡くなり、仮葬の済んだあとの本葬は兄の亡きあと私の行うべき義務という思いが心にかかって、妻子との再会の喜びはあるものの、老母や妻子との生活もどのように成り行くのかまったく見当もつかないといった情況だったのだ。ただ勤務先の学校だけは、元のY専（横浜市立経済専門学校）へ戻ればよかったから、気は楽だったが、しかし、ガリオアでアメリカへ出発する頃には既に、横浜経済専門学校から横浜市立大学の一学部に昇格するかしないかという、教師たちの心を騒がせる根本問題が、その危なげな萌芽を私のような新米教師にも感じさせ、それには関りたくないという逃げ腰に、私を追いこむ傾向も幾らかあったのである。

もとより、事は眼に見えて早まり進む風《ふう》はなく、当分の間は問題に腰を引っぱられながらも、事は波瀾なく普通に進み、私自身に関して言えば、住まう家は、妻が友人の協力を得て、あの頃の市民援助の制度だった住宅金融公庫というのから、僅か二〇万ほどの金の融通を受けて建てた、小さな二階屋に落ちつくことができたし、お蔭で親子三人の生活もそう無理はなく軌道に乗り、亡父の本葬も、まだ元気だった母、姉、妻の努力で、然るべき縁者たちも招いて、京都東山の菩提寺一心院で、無事、済ませることができたのだった。母は東京大田区の姉の嫁ぎ先に引きとってもらっていたから、私たちの苦労はないに等しい情況になったが、楽は苦の種という通り、人間の欲望が簡単に満たされないために、次にくる筈の楽のために苦を呼びよせることにもなる。

今度の場合は、私が元凶になった。というのは、今まででも、生活の安定と並んで、次第に急激に私の欲望もしくは夢となっていた、勉強、特に文学の勉強への夢、夢と言っても、生活のゆとりができればできるほどに激しくなっていた、私の願い、もしくは夢への対応という、制止できぬ心の要請が急激に頭を擡げ、そのために逆に、しばしば生活そのものが、ぐらつくという形になったのである。例えば、私たちの小住居は、盛り場からずっと離れた郊外近くにあって、始めの内は静かで体裁もよかったのだが、戦後の急激な混乱による変化のために、わが家から少し離れたささやかな商店街が、俄かに幟《のぼ》りをかかげるだけでなく、大きなマイクロフォンを電信柱などに取りつけて、音楽をまじえた大音響の商品宣伝を、殆ど一日中辺りに響かせる情況となったのである。軍隊からの解放に一息ついていた私は、望む勉強を甚しく阻害されて、いたく裏切られた思いで、現場の商店街に赴いて、係りの男にもう少し音を小さくするよう申し入れたが、そんな要請など問題にもされず、逆にこちらが力づくで非難されそうな気配だったので、こうした際に取るべき手段を弁《わきま》えぬ私は、弱腰のまま引き下がってしまった次第だった。それに、この商店街の反対側の近くには、正業をもたぬ異国人が小屋のような住居に住んでいて、一般に恐れられている地帯でもあったのである。

こうしたことを今ここで事新しく書き立てるのは、まったく無意味で、こちらの醜状をさらけ出すばかりだと批判されるかもしれないが、身の証《あかし》を立てるのに最も低次元の自己をさらけ出さざるを得ない時があるものだし、その徹底した低次元の自分を明確に認識することが、逆にそのマイナスをプラスに転換する力を孕んでいることもあるのではないか。事の現実の成り行きとしては、その私の悩みを見かねた妻が、またもや神戸女学院の旧友の中に、横浜に家族と共に住んでいる人があることを見つけて、長い交渉過程の末にやっと現在私たちが住んでいる家を見つけてくれ、そこのスコットランド人の家族が越していったあとを、私たちが借りられるよう手配してくれたのであった。そのお蔭のまったく静かな環境で、私は「わが文学放浪」の裾《すそ》を拡げて、新しい文学の仕事を次々と持続してゆくことができたのだが、その持続を支えていたのはやはり過去の苦を通して溜《た》めこまれていたエネルギーの、プラスへの順次の開放と変容のせいだったと思われるのである。

2

右にやっと現在の住居に落ちつくことができたと書いたが、その現在の住居の状況をつけたりの形で少し述べておこうと思う。なぜなら、今のこの住居でこそ私は苦労しながらも、まずは次々と自分のなすべき学問上の仕事をなし得たのであり、この住居は、それにもそれなりの変化がありながら、ずっと私の分身の一つのようなものだったからだ。この住居に落ちついてから既に五十余年もの年月が立ってしまったが、時のもたらす変化は恐ろしいもので、住居そのものにも自らいささかの改変は行ったが、それよりもわが家の周辺の変り様《よう》は、私の常套句になった表現で言えば、まさに活断層そのもののように根源的な変化をあらわにし、敗戦直後からの日本の、また（大仰に言えば）世界の根源的な変化をそこばく象徴しているということができるだろう。それも何段階かに亘る変転で、何よりもまず私には、ここに移り住んだ時の、周囲に点々としか家がなく、わが家のすぐ向かいの丘には約一反歩ばかりの桑畑があるだけで、それも枯れたのが多くて遠くが見通せ、この方角は目路の限り何も建物がなくて、遠くの丘に遙かに繋がっているように見えたものだ。

その辺りのことをなお今少し詳しく述べると、わが家とすぐ向かいの丘と間は、狭いながらわが家から右へはかなり急な、一間半位の幅の上り石段で、すぐ上の道に繋がり、わが家から左へは、これまた急な下《くだ》り石段で、まだ家が建てこまなかった最初の頃は、この上下の傾斜、特に左下へ下《くだ》る坂が、遙か遠くにまで伸びる、点々としか建っていない住宅地を遙か向こうまで見はるかさせて、殊に妻の眼を喜ばせ、その一事で私たちの住居の場所は決まったようなものだった。そして実際に住みついてみると、東横線の妙連寺という最寄りの駅付近の、ささやかな商店街まで行きつくのに二十分近くはかかるのだったが、ただそこへの行き方にも、わが家近くの丘の尾根から四方へ下《くだ》る細道があって、そのバラエティによってそこばく楽しみも増えることになる。こんな塩梅だったから、最初の数年は生活の苦はほとんどないといった有様だったが、どこかにやはり故障は出てくるもので、わが家の後ろ側の低いがけ下に家が何軒か建っていて、すぐ下の家のお上《かみ》さんが、わが丘の樹木や土砂が邪魔だと何度か文句を言ってきたものだった。妻も、このすてきな環境のせいか、それには負けていず

田中啓史、根本治両氏と（新居の書斎で）

に、軽く去《い》なしていたらしく、それを心配しているのはどうやら私の方らしかった。しかし、そんな田園風な土地柄から（隣家のおばさんの文句ぐらいはむしろ田園牧歌の一端）、いわゆるアパマンが周囲に建ち始めて、辺りの風景がすっかり変わったのもどうやらそれほど先のことではなかったように思われる。先に活断層的変容と書いたが、実際わが丘のすぐ向かいの桑畑にいきなりかなり大きな邸宅が建ったときには、まさに彼我の画然たる違いが、その背後及び根底に底深い断層を秘め、その底深さが歴史的な急変化のように見えて、活断層という言葉が自然に浮かび上がってきたのだった。それは、その時点では、私たちに警戒心を起こさせるよりはむしろ、こちらも相手に向かって手を打たんとばかりに、わが家を二階建てにして、もと寝室だった部屋を改造してかなり手広い書斎に作り変えた次第（一八ページの写真参照）。寝室をその二階に移し、その階下の表の方が、今述べたかなりゆったりした書斎になったので、いよいよ研究的仕事に対する私の熱い思いがさらに高まってゆく気配となる。わが家の改築には、秋田にある私の妻の実家の父親が古い材木を送ってくれて助かったし、今そのことを思うと、それで書斎もさらに効率よく使えるようになった私は、まるで自分が拱手《きょうしゅ》傍観しているうちに、妻を始めとする周囲の人々に守《も》り立ててもらったようで、ときにそんなわが身を反省するが、それでもどうやらその幸運をもたらしてくれた人々に、おもねっていたようでもあったのである。

　ところで参考のために、今のわが家の周辺の様子を書いておけば、端的に言って一種の繰り返しになるが、かつては周辺に景を遮る建物が何もなく、辺りの土地がそのままわが家から見はるかし得ていたのに、今はそれがすっかり消えて、数階建てを平均とするアパート・マンション風の家が建てこんでいるということだ。散歩が好きだった私だが、近所をまわっても広々とした土地や、また少し様式の変った住宅を見て楽しむこともない。わが家を出れば、東横線の妙連寺の駅か、だんだん孤立してゆくように見える駅付近の商店街に、まっすぐ行くより他ない、まことに不粋な道のりである。大きなスーパーマーケットが、かつての親しさを失ってしまい、過疎とも見える商店街の代りに、圧倒的な大きさと、商品の雑駁多数ぶりをひけらかしているが、生活がその雑多な方によせつけられても、少しも特別の品質のものが見つかりそうもないのは、私なんかの買物意欲を消沈させてしまう。これは贅沢というものだろうか。

しかし、外界の貧困は心の貧困を呼びよせる。それを防ぐためには、最小限の贅沢が必要なのではないか。ほんの少しでも外界に眼を楽しませるものがあれば、それは心を楽しませる贅沢となって、心の健全さを取り戻してくれるのだ。それに自家用車が急激に増えたことも、最近の現象と言えよう。これも今日止むを得ぬことであるとしても、車輌での事故など、何とか完全に防いでほしいものである。

わが家の周辺の変りようを書き終えたところで、そもそも横浜という都市が京都生れの私にどんなものに見えていたかということをも、述べておく必要を感じる。横浜に縁ができたのは、確か『わが文学放浪の記』にも書いたと思うが、戦後仙台生活のとき、父の体調不良などの理由で首都圏に戻らなければならないと考えて、恩師や大先輩の好意で横浜市立経済専門学校（Y専）に勤務先が変わり（この際のアイロニカルな成りゆきについては、前著の『わが文学放浪の記』に詳しく書いた）、ガリオア留学中に妻が例の唐沢に住居を作ってくれたのが最初なわけだが、この唐沢の辺りは、いわゆる横浜の山手の東南側の外《はず》れにある山手郊外と、一種の小さな場末のある山元町に近く、外人墓地や外人の住居の多い、いわば横浜特有の西洋風な地域のすぐそばといった情況の土地だった。私はけっしてあちこち歩いたわけではないが、この横浜の山手は好んでうろついた界隈だった。ちょうど小さな娘が幼稚園に入る頃で、近くにあったカトリック系の幼稚園に入れた覚えがあるし、外人墓地の墓標などは散歩かたがた見てまわると、かなり勉強になる特殊な場所でもあったのだ。

また港の見える丘公園が近く、ここで眺める景色も横浜特有のものだが、近くに神奈川文化会館のような文化施設もあり、私はそこの評議員に選ばれ、会議に参加したこともあった。会議といっても、主に展示会をどうするかといった問題が主だったものであったような気がする。会の雰囲気はとってもよく、そこで知り合った方々に会うのが楽しみでもあった。年をとると共に、私はそうした公的な場から脱落していったが、記念館で催された展示会やその折の講話も大変楽しく為になった。その内にできた港未来の施設も、私は当初珍しいので、あの二階建ての廊下を渡って、特に美術館などを見にいったが、やはり住居から遠いので、まもなくご無沙汰することになってしまった。しかし、横浜というのは私にとって故郷の京都に一部似て、どこかに名所旧跡といった古めかしい感じが潜んでいて、もう五十年もの長い間この町には違和を感じずに、まずまずゆったり暮らし得たのでよかったと思っているし、今はいわば第二の故郷になっているといった趣もあるのである。まだ横浜のすべてとは言わぬまでも、多くを知らないのであるが。

ただ私の場合、故郷の京都にはもう近い縁者は二人（父方と母方の従弟に一人ずつ）

しかいないし、縁は近くとも、出会うことはもはやまったくない。そうした寂しい情況なのに、私は京都の菩提寺にある先祖代々の墓を首都圏のどこかに移して、まったくこちらの人間になりきってしまう気持は今はまったくない。幸い一心院という知恩院のごく近くにある寺である（ごく最近『京都新聞』に載った梅原猛氏の文章から、一心院はけっして末寺ではなく、知恩院と殆ど同格とも言うべき由緒深い寺であることを知った）菩提寺の和尚《おっ》さんも大黒さんも、実に京都風にさっぱりさわやかな方々で、現実にわが代々の墓所をお二人で守って下さっているような感じなのである。それに一心院は、その名もいいが、場所が祇園の八坂神社から東山の方向に上がって、知恩院のあの有名な大鐘楼のすぐ上にある静かなお寺で、西洋の文学などやっていながら、あるいはそれをやっているせいか、私はこのお寺と周辺の東山の自然だけは、けっして離したくない思いなのである。大鐘楼からすぐの小さな墓地に入ったところに、大橋家先祖代々の墓があり、その向こうに一心院の本堂、右手は東山の麓でアカ松の古木が立ち並ぶ、その反対側の墓地の外れには、古木が点々としている合間合間に、鉄筋建ても交った京の町の拡がりが遙か彼方に瞥見される。前後左右の風景は京

大橋家先祖代々の墓

菩提寺の近くにて（妻と）

独特の雰囲気を見せて、私の心を引きつけてしまう。——話が思いがけない所まできてしまったが、そうした成りゆきの自然さは、また私の与っている恩恵の暖かさのせいとも思えるので、読者諸兄姉にも許してもらえることと思われる。

ところで先に私は、外部に向かっても、何とかマイナスではなくプラスの形で立ち向かわねばならぬと心の根を定めた、といったふうに書いたが、外部に向かえば当然問題は、現実の面で私だけのことではなく、周囲の一般的状況として、これまた順次に展開していたに他ならない。その現実の面を重点的に考えるならば、まず勤務先のY専の情況という、個人的な面にもかかわる社会的な面がある。先にも少し触れたように、私はかのガリオア留学から帰国して、元の勤務先である横浜市立経済専門学校（Y専）に戻ったが、この頃には既に学制改革の問題が次第にクローズアップされ、Y専から横浜市大へという転回が最大の問題になりつつあった。しかし、この点については、前著の『わが文学放浪の記』にかなり詳しく書いたので、ここでは省略させて頂いて、ただ私自身は、いろいろな見解もあったし、Y専系の商学部に残れという叱咤の声も聞いたが、やはり文学を目標とする手前、結局は商学部へではなく、まったく新しくできた文理学部に所属し、英語と英米文学研究指導を担当するに至ったことだけを伝えておきたい。こうしたことのしこりが残るのではないかと恐れたが、実際は結局皆納まる所に納まって、混乱事にならなかったのも、自然の理であったのか。

そうこうしているうちに、私は同僚の先生方とも親しくなったが、Y専から市大へ移籍した学生ばかりでなく、市大生として新しく入学してくる学生とも漸次親しくなってゆく。当時の私が三十歳そこそこだったから、彼ら学生たちとは年齢的に遠くなく、もちろん最近はあまり出合わなくなったが、今でも賀状等で五十年もの歳月を飛びこえて、親しく感じ合っている次第である。中でもY専から（確か市大へは来ないで）東京の一ツ橋商大に入学した常見武司君は、そのあとの勤務のキャリヤーも上等で、一時は経団連の主《おも》だった仕事をしていたこともあった。この常見君と親しかった鈴木敏雄君は、自分で始めた事業を続けながらも、何度も私と連絡をとって、かつて私の学生だった仲間のその後の活躍や奇談を私に知らせてくれたものだった。市大では私は商学部の学生を教えてもいたので、その後の交際範囲もかなり広がったが、それでもやはり直接関係のあった文理学部の学生の方が、数は少ないが、親しみというより同業者意識とでも言うか、同じ専門の道を歩む、少なくも歩もうとする学生もあり、私を心強く感じさせてくれた。しかし、卒業後彼らが移ってゆく所はばらばらで、あとの交流がまばらだったことは少し寂しく思われる。

ところで、つい近しい関係だったから、学生諸君のことばかり書いてしまったが、同じ大学校舎で親しく接していた先生方のことにも触れておかなくてはならない。実はこの方《ほう》も、前著『わが文学放浪の記』の中で詳しく書いたので、同じ私としてはここにそれを反復することに大いにためらいを感じるのだが、やはり概略でも記しておかないと本当の新しいページが展開していきにくい。ここに掲げたのは、前著に掲げた今から五〇年前の英文科スタッフの写真だが、私は市大を出たあとだから、ここには写っていない。写っているのは一番前向かって右から、一人おいて山元卯一郎、丸山覚、田代三千稔、荻原文彦、山本岩太の諸先生。山元先生は専門は英語学で、確か私が間に入ってここの専任になられたのだったと思うが、私とはむしろずっとのちに書く喜多流の謡曲の会で親しくなった方。次の丸山氏はもと横浜市立の医専に勤めて

横浜市大英文科スタッフ（1956年）

おられた方で、市大ができるときに移られた英語学の先生。次の田代氏は、覚えておられる方も多いと思うが、かつてあった鎌倉アカデミアが解体したとき、その塾長だった三枝博音《さいぐさひろと》先生が市大の学長に、そして事務局長だった田代氏がたしか英文科長に転出してこられたのだった。次の荻原、山本の両先生はもともとY専におられた方々で、私などには一番近しい方たちであった。写真に映っているそのほかの方々は、私の記憶にはっきりしたイメージがないので、失礼申し上げざるを得ない。この方々は英文関係で、もちろん他の学科に仏文の萩原彌彦、独文の角信雄《すみのぶお》、山口一雄の諸先生がおられ、学科の境界を越えて、親しく、色々お世話になったものだった。ただ私が市大を去ってからは月日の経過はすばやく、いつのまにかこれらの先生方とも疎遠になり、その後どうしておられるかも知らぬという失礼を犯してしまっている。

あの頃は、ただ遠くなってしまっただけではない。すぐこのあとで述べるように、大学としての安定した構造はまだとれていず、私などは自分の去就に迷う風情だったに違いない。私は、大学教師としては、学生との近しい関係を第一にすべきだと考える者であるが、この時期ほど学生との縁が薄れていた時はなかったと思える。のちの大学紛争では、これとは違った意味で学生との隔たりを感じたものだが、それでも教師対学生という形では微妙なつながりがあったものだ。この市大の内攻的な時代には、学問の場もあまりはっきりせず、学問の関連で学生たちと近しかったことは殆どなかったと言えそうな気がするのである。

ところで、先生方のその頃以後の安否を問えば、当然横浜市立大そのものの安否にも問い及ぶべきであろう。と言うより、無惨ながら旧横浜市立大学文理学部は今から数年前解体して、横浜市立大学国際文化学部欧米文化学科となり、商学部は残っているが、英語英米文学関係の教員は、数名の寥々たる態勢に成り果てているという。東京都立大学も同じような運命に落ち込んでいると聞くが、私自身がY専から横浜市大へと移った時のごたごたと考え合わせてみると、この五十年の間の大変化の根にあった教育制度の亀裂断層は、取り返しのつかぬほど深く深刻で、今後の修復も如何かと怪しまれる有様である。私などの高齢者がそれに直接関ることはないが、少なくともかつてあった大学理念の貴重な面は、今にして潰えさるのではなく、むしろ成り行きのうちに常に反省を強いられつつ、その反省を通じて否定を逆転させて、新しい将来性のある展望を持ち得るだけの底力を秘めていると信じたい、と言うより、信ぜざるを得ない、いや、信じねばらぬと思う次第なのだ。殊に英文科に属していた人間から言えば、英文をただ英語という範囲にのみ限って考えるのは、まことに埒もなく、変な態度というべきで、文学には文学の、英文学には英文学の固有の問題が根の所にあり、それを無視するというのは、言語道断、まさにその非を自ら悟るべきである。このままで進めば、日本の精神的な力は、見失われてしまうのではないか。私は私自身として、自分の英語と英米文学を大切にしているが、その点をもっと多くの方々と弁じたてたいものと思っている。

話が一つの極限まできてしまったが、「わが文学放浪」は勝手に足を止めることはできず、さらに彷徨《さまよ》い続けなければならぬが、私が横浜市大助教授を昭和三十七年に辞して、東京外国語大学英米科に移ったのには、外大の前身が私が学生時代を過ごした旧外国語学校（外国語学校から外事専門学校へ、そして外国語大学へという、何と学制の変動の激しい時期だったことか！）という私の母校で、先生方と親しかったこともあるが、実は数年前に母校から招きがあったのに、Y専↔市大のごたごたの最中で私としては、そこから逃げ出すわけにはいかずにお招きを断ったという、気にかかるいきさつがあり、再びお呼びがあったときには、もう断ることはできなかったという経緯もあったのである。そこで横浜市大でお世話になった先生方にお別れをして、その頃東京郊外の西ヶ原という、横浜からは遠くて不便な所にあった外大へと、またもや転出したのであった。

そしてここに、母校における私の七年間の勤めは始まるのだが、この七年間がそれまでの大学勤務ともそれ以後のそれともまったく違って、私にとっては思いもかけぬ楽しい年月であったことが、不思議とも夢のようとも思えるほどなのである。私がこの郊外の、辺鄙と言えば角《かど》が立つが、ちょっと寂しげなほどに静かで、広々とした外大キャンパスに、初めて挨拶に出かけたときは、それ以前の外語とは違う雰囲気にむしろ驚いた位だったが、住みなれてみると、新しい同僚の先生方や、ついには外大生として恥じるところのない学生たちに出会うことになり、ここに、以下に述べるような一種奇《く》しき大学教員生活が始まることになったのだ。次の部では、その事を主に語ることになるだろう。

Ⅱ　母校東京外国語大学勤務の哀歓

私の母校の旧東京外国語学校の後身である東京外国語大学の英米科へと勤務が変わったとき、私は母校という新しい雰囲気に浸れる歓びを、片方ではもちろん強く感じていたが、片方ではまた、恐らく楽な勤務生活の余りに、緊張した生活と文学研究に向けた気の張りが緩むのではないか、という不安を抱いたものだった。が、しかし何よりもまず自分の専門に近い大学でかつての私たち学生を思わせる同じような学生たちと交わり得ることは、願ってもない事柄であり、すぐれた学生を数人でもわが弟子に持つことへの期待は、結構大きかったと言わなければならない。そして実際、最初はおずおずと始めた授業も、次第に軌道に乗ることになり、学生との関係の面では、彼らも私に馴染むことをためらわなかった節があって、問題なく好展開するのに内心運命に感謝していたことは、至極自然な成り行きだったにほかならないのだ。学生諸君とのつき合いは、それ以後長く続き、注目すべき経験も共にしたから、それに関することはのちにとっておいて、今はまず、教授会その他で近づくこと多く、親しみも急激に増していった大学スタッフの印象、またそうした中で起った出来事やエピソードについて書くことから始めたいと思う。この辺りのことは、前にも幾らかどこかに書いたこともあったが……。

私が初めて教授会に出席した頃は、長らく学長を勤めておられた恩師岩崎民平先生が、定年で退官なされ、同じく恩師である小川芳男先生が新しく学長になられた時であった。小川先生は、私が初めて旧外国語学校に入学した昭和十二年の頃は、三十歳位の（ご自分でそのように名乗られた）一番若い教官で、親しみを感じるのに手間どらなかったものだ。その小川先生が学長で、年齢的にそう遠くない教授、助教授の方が五、六十人もおられたと思うが、外大はもちろん教授会は一つで、諸語学のすべての先生方が一堂に会する時が多かったから、独特な親しみの関係が生まれたのだと思う。先生方の名前をただ挙げるのは失礼だし、私が名前を忘れている方もかなりおられるので、ここでは特に目立っていた方を述べさせて頂くに留めたいと思う。学長の小川芳男先生、英米科ではこの頃最年長の安藤一郎先生、若手の助教授だった小野協一君（残念ながら割合早く逝去された）若手では半田一郎氏ら、フランス科には鈴木健郎、矢島光一郎、田島宏の諸先生、スペイン科は、セルバンテスの『ドン・キホーテ』訳でその名も高い会田由先生——

その他にも、学識豊かで、それぞれの専門外国語に詳しい先生が沢山おられたし、私などは、外大こそ新しい文学研究の道を切り開いてゆく先頭に立つ大学であると、心ひそかに考えていたものだ。そして恐らく私が奉職した時期の外大こそ、最も活気に溢れた未来志向の大学であったに違いないと思う。若い小川学長を先頭に（もう小川さんと呼ぼう）それぞれがそれぞれの専門分野で活躍し、その活躍の余勢を駆って新しい仲間で集まり、論じあい、また親しみの盃を挙げるといった有様。この頃のことで、どうしても書いておかなければならないのは、スタッフの先生方が、学生が毎年行っている恒例の外語の演劇祭に一役買ってゴーゴリの『検察官』を上演したことがあったこと。何年のことだったか忘れたが、小野協一君が主役フレスターコフ（にせの検察官）、小川さんが市長、私は病院長をやらされた。会田さんがボブチンスキーで、なかなかの好演ぶりを見せた。本物の検察官は誰だったか忘れたが、皆好演で評判よく、学生諸君に大もて。ところが、最後に役者が正面向いて並んだとき、私は「社会の窓があいてます」とやじられたが、それに演技でうまく応じたものだった。以上はどこかにもっと詳しく書いた覚えがある。

私自身は、あとで書くように少し前から学会——日本英文学会——に関与し始めていたが、その上に、この外大の精神高揚と享楽にのめりこんで、飲んで騒いだりしたものだった。何と言ってもこのグループのリーダー格は、ドン・キホーテの会田由さんと英文若手の小野協一君。それに小川学長をも間に挟んで、フランス科の矢島・田島のお二人（やじさん、たじさん）を加え私もその仲間に入って、放課後から集まった仲間で車を呼んで大塚、新宿、渋谷の飲み屋を転々、別々に行動しながら公衆電話で飲み屋に連絡をとったりして、また一所で出会い、しばしば深夜に及ぶ。そして翌翌日位の教授会で一度だけ緊張した発言をして、そのあと黙ってしまう。すると、のちに詳しく触れるが、会田さんのけ、け、け、という笑い声がどこからとも知れず聞えてくるのだ。

私はそれより数年前『ドン・キホーテ』を原書で読みたくなり、東北帝大で教わった古典語学の河野与一先生から原書を拝借して、図書館の辞書及び『西和中辞典』を頼りにえっちらおっちら読み始めていたが、ある時評論家の故中村光夫氏の紹介を得て（中村さんを識り得たのは、海軍時代の友人迫《はざま》徹朗《てつろう》君からの紹介で、自作の小説を見て頂き、いろいろアドヴァイスを受けたからだった。その小説はものにならなかった）、当時東大図書館におられた会田さんを直接訪ねたことがあった。会田さんはそのことを多としていたらしく、外語大で出会ってから、酔った勢いで「大橋ィ、お前はなァ、『ドン・キホーテ』が分かる男だからなァ」と何度も言ってくれるのだった。こうしたことも、実は既に旧著『心ここに──エッセイ集』に詳しく書いたことなので、この辺で書き続けるのは止めて、話は変わるが、やはりこの時期に始まる私の学会活動について──これも右の旧著に詳しく書いたことなので二重書きになることはできる限り避け──目下の本稿の主題である「敗戦後の混沌」の中での学会活動の意義を中心に語りたいと思う。

Ⅲ　学会と私

1

前の旧著にも書いたように、私の学会への関りは、まず何と言っても、敗戦後アメリカのわが国への急接近に伴った（わが国の方から接近したのではなく、大きく捉えれば大国アメリカが小国日本に向きあった結果としての）衝撃からの、やおら立ち上がりと連動していたと言わなければならないだろう。従って本来これは、受身の情勢から始まったもので、私個人が私個人としてどこで立ち上がれるか、立ち上がるかは、まだまったくの未知数の状態にあったと言うべく、学問研究、文学研究と言ってもまだこれから始める、つまりすべていろはのいから始めるといった情況、そして私は、何も始まっていないところから始めざるを得なかったのである。その時の私は実は、そうした情況から始めざるを得なかったからこそ、ほとんど裸で研究対象に相対せざるを得なかったのであり、だからこそまた、私なりの研究の端緒は開け得たのだと思うのだ。以上の記述では、私の学会活動の具体的な面に触れていないが、その具体的な面は次の補遺のあとできちんと述べることになる。

補遺

大学の学部教授会なるものにもやっと慣れかけた頃だったが、この前の横浜市大文理学部の教授会というのは、人数もかなり多かったし、やがて、解散になった鎌倉アカデミアから三枝博音《さいぐさひろと》先生が学長としてこられた頃には、学部としてもやや粛然とした感じになり、私なども教授会ではかなり緊張したものだったが、外語大の教授会は人数もそう多くなく、教授たちも打ちとけていて気楽な感じだった。これも私の旧著『心ここに――エッセイ集』に詳しく書いたことだが、書くのも楽しかったから今も書いているのだが、一応みんなが静かに学部長の話を聞いていると、どこからともなくけ、け、け、ともへ、へ、へ、ともつかない笑い声が聞えてくる。みんなが声の方を見ると、声はたとやんで、会田由さんが大きな眼をむいて前方をにらんでいるのが見える。隣の椅子は誰だったたか、その椅子の人もにやにやしながらもちょっと固唾を呑んでいる様子だったが、どうやら何事もなく終りそうで、みんなも薄笑いを浮かべて、元の平常な態勢に戻る。――こういう悠揚たる教授会だったのだ。いつだったか小野協一君がその席で「あーあーあー」と大きな長あくびをして、みんなを唖然たらしめたことも、外語の教授会として忘れ得ない快事となっている。

こんな状態で、教授会のあとの飲み仲間のふるまいも書いておきたいのだが、転々する飲み場がさまざまで、次第にアルコールが廻って、記憶もおぼろになっていくから、どんなことをしたかとても思い出せない。ただ確かなことは、かなり飲んでも暴力を振ったり（海軍では「芋を掘る」といった）、怪しげな所へ寄ったりすることはまったくなかったと、ここに私ははっきり証言することができる。飲む者は、大抵翌日担当の授業がないか、あっても午後から、といったようなことは心得てのことだから、真夜中遅くなることは、（それぞれの家庭内のことは分からぬが）それほど気にしていないように見えた。私などは、その点では最悪の人間と言うべく、帰宅時に夜が明けても（亡き妻よ、許したまえ）そのまま寝てしまい、正午近くまで床の中といった有様の時がかなりあった。遥かのちに何度も振り返って、よくもわが妻は私を見限らなかったものだ、それほど私を傷つけないように気を配ってくれたのか、いや、いや、彼女はそのためにパーキンソン病などという病に取りつかれ、次第に病状悪化し、ついにこの世の私の許《もと》を去るに至ったのではないか。これは、未だに私がときどき顧みてはわが唇を噛む思いだが、いやはやインタールード的な補遺に持ちこむべき事柄でもないのにと、重ねて唇を噛む始末である。

2

思い返せば、（これも前著『わが文学放浪の記』にも詳しく書いたことで、時期も敗戦直後に戻ることになるが、重要なことなのでここに繰り返す）私のように戦時中海軍教授という名目で、予備学生から少尉に任官した者たちは、戦後まもなくアメリカ進駐軍向けの英語通訳として召集され、確か一年間そちこちで通訳の仕事を命ぜられていたが、この私は、軍人としての成績がよくなかったらしく、他の者たちが中尉に昇進してゆくのに、最後までお茶引き少尉に留められた。そのせいか、通訳に引っぱられることもなく、敗戦後まもなくの九月始めには除隊になって、帰郷可というありがたい運に恵まれたのだった。かくして私は故郷の両親の所で妻との生活に一時戻れたのだが、世間的にはまったく何の拠り所もない独りぼっち。ところが、偶然だったのか、その頃仙台の恩師土居光知先生から仙台工業専門学校に口があるから、至急来仙せよ、という達しがあり、急激にこの杜《もり》の都に移る手段を講じて、まもなくこの杜都の住人となって仙台工専で英語を教える次第となったのである。

この幸運な仙台工専就職は、いささかながらも強く私を学問（英語英文学）の方へ引きつけたし、新しく識りあったこの土地在住の東北帝大出身の先輩たちと、次第に専門の文学談義を交わすようになり、かなりのちのこの地方の英文学会の元となる談話会のようなものもできかけていたのである。ただ、私の父の体調低下で、老母の負担も大きくなるので、結局身内関係としては私達夫婦が両親扶養の義務を担っているということになり、この杜都生活も二年半で終りにして、私は外語の大先輩とその友人のお蔭で既述の通り横浜市立経済専門学校（Y専）に転出することになったという次第なのである。住居も何とか、私の姉夫婦が義兄の方の胸部障害で転地療養のために住んでいた、神奈川県の茅ヶ崎に貸し室を見つけて、母は姉夫婦に託し、私たちは父親と娘共々、その貸し室に住むことになったのだった。かくして私は勤務校に通う道すがら、横浜の野毛山にあった鳩書房という古本屋から、アメリカの軍政部が兵卒たちのために作らせたというペイパーバックのArmed Services Editionの諸作品をのぞき読みすることができ、私はどうやらアメリカ文学の方へ傾斜し、そうした関係が進む内に身近になったアメリカ研究の学会（アメリカ学会）へもさらに一歩近づくことになったのである。

その上、学会の方も次第に活動が活発になり、アメリカ学会は機関誌『アメリカ研究』を発行するばかりでなく、『原典アメリカ史』という一種膨大な企画も打ち立てるに至った。もとより私はそこへ深入りする立場にはいなかったが、当時アメリカ学会には、かつて急進思想のため職を追われたが、戦後の民主主義的展開で復帰された小原敬士先生がおられて、私がたまたま市大の『論叢』に書いたスタインベック論をよしとされたか、学会の『アメリカ研究』にも書けということで、そこへも別のスタインベック論を寄稿することになった。かくして私はアメリカ学会のお世話になったわけだが、運命の皮肉と言うか、当時特別にお世話になった瀧口直太郎先生や旧友で今は故人となってしまった大橋吉之輔君との話し合いの内に、アメリカ全般の研究ではなく、アメリカ文学研究を対象とする学会であるアメリカ文学会創設に力を尽くすことになり、ついにはアメリカ学会の一部門だった文学部会（これは、当時は学生主体のアメリカ文学研究会であって、吉之輔君らが力を入れていて、それを主体として文学部会を作ったのだった）を、学会当局とは無関係に日本アメリカ文学会として独立させるに至ったのだった。

　この一種の裏切行為については、当時のアメリカ学会の御大《おんたい》であった中屋健一先生から御目玉《おめだま》をくったものだったが、こうしたいきさつについては旧著『心ここに——

エッセイ集』に詳しく書いてあるので、それを参照して頂くことにし、この新しい日本アメリカ文学会の組織については、私ども若年の委員たちが、古くからの因襲的人事を踏襲するのではなく、新しい民主的選挙の精神に従って人間的な自然な形にもってゆくように努力し、かなりそれに成功したと私たちは、自負していたものだ。ただの自己評価としてではなく、普遍的な価値のある公正な処置であったとして伝えておきたいと思う。

かなりそれに成功したというのには、次のような情況や、その情況を是正したい、いや、すべきだという、私たち比較的若い者たちの、ただの思いつきではない、身に染みついたとも言うべき信念が大いに関っていたと思う。ここに「私たち比較的若い者」と書いたが、実はこの中に私より五歳ほど下であった故大橋吉之輔氏が、最も力になる有力な協力者として、終始力を貸して頂いたことを、まず明記しておかなければならない。彼と私のコンビの努力は、今後も話題となるだろう。事の成り行きの微細な面については忘れている点もあると思うが、大筋は充分に明瞭であると思われる。当時アメリカ文学会は次第に形体及び制度を新しく整える趨勢にあったと思うが、その大枠は伝統的なアメリカ文学研究体制をとってきた、立教大学の英文科の先生方が担っているかのように見える所もあったようだ。そしてその先生方の中でも、どういう経緯でか私たちには分からなかったが、有力な中心としてT・H教授の存在がある、というふうに思える面があったのだ。確かにアメリカ文学会を目ざす私たちの集まりの席でも、T・H教授の影は常にさしていた如くであり、折柄始まるべき最初の重大なイベントとしての会長選出について、立教大とは自由な関係にあった私たち、やや年若の者たちは、言わず語らずの内にとも思えたのだが、どこかにアメリカ軍政部の影を濃く感じさせる所をもっておられ、またいささか独裁的な傾向をもっておられるような気配が強く感じられるので、何とかT・H氏の会長就任は阻止したいという思いを心に抱いて、それとはなしに互いの意を通じあう景色に相なっていたのであった。

そんな中で、私は自分では特に指導的な立場に立とうとも、立っているとも思わなかったのだが、いつのまにか、大橋吉之輔君を含む数人の仲間とリーダー的な一群をなして、会長には背景に懸念のない人格円満な年長者を選ぼうという方向に進んでいったのだった。というのは、その頃はまだ敗戦の余波がかなり色濃く残っていて、学者としての存在の背後にも、かつての強力なアメリカの文化政策に乗った経緯の影が濃く見える面があったからなのだ。戦後新しく名を上げた、特にアメリカ文化関係の教授にその影が少しでも見えると、私は不快感を抑えることができなかったのだ。かくして、私たち改革派の者は、そうした懸念がまったくないと思われた、同じく立教大学の杉木喬先生に会長の職を託したいと考えるに至ったのであった（ということはまた、当時は立教大学の英文科がアメリカ文学研究ではかなり抜きんでていたことを示している）。そんな次第で、東京の学会員の多くの方の賛同を得て、めでたく杉木先生を会長に頂くことに成功し、ここに日本アメリカ文学会は正式に発足したのであった。

　この会長選挙に際して杉木先生推挙に賛成して、共に活動してくれた方々の名前を、感謝の意をこめてここに挙げたいのだが、近頃忘却症とでも言うべき疾患に煩わされている私には、完全を期することはできず、思い出させる方々のみに限る失礼のお許しを乞うておかなければならない。私が一番近しくしていたのは、もう故人になった大橋吉之輔君で、彼は積極的なアイディアを常に先立てながらも、行動としては目立たぬようにそのアイデアの賛同者をオルグするという、ただならぬ才能をもっていて、先の会長選出の問題でも、そうした効力を隠然と発揮し、会長選出の大きな推進力となってくれたことを否定することはできない。会長選挙への尽力の他に、彼は私を誘い入れて、学会というよりは勉強会と名づけるべき組織を、学生たちの間に作るのに大きな力をふるって、成功させた。彼は私より五年ほど若かったが、一時は「二人の大橋」と一括して呼ばれるほど懇切な仲間となり、学会初期の根づけに一番多く貢献したのは、何といっても「二大橋」の内の吉之輔だったと言わなければならない。

原川恭一君は、同じ立教大学のスタッフとして辛いところもあっただろうが、杉木先生派としては有力な存在であり、私などは彼を頼りにして、その後もずっと親しくさせてもらっている。同じ立教大の後藤昭次君もいたが、あまり目立った存在にはならなかった。また何よりも、この会長選出問題で私が一働きしたことは、司会者としてふさわしいと思った、法政大学の金丸十三男氏に、正常な会議の運びの大役をお願いする一人として動きまわったことだと思う。金丸氏は鷹揚な態度でその役を引き受け、司会役中も、少しでも議論が混乱すると、その混乱の席の方に向かって、「もしもし、もしもし、ちょっとこちらの言い分を――」といったふうに何気ないユーモラスな口調で、議論をまとめる方向にもってゆくという、なかなかの活躍ぶりだった。氏にはその後の学会運営の上でも、かなり長い間お世話になったが、本務校の仕事が多忙になり、いつしかアメリカ文学会にも姿を見せられぬようになってしまったのは残念である。

ともかく、もう何十年も前のことで、すべてを生々しく呼び戻すことはできないが、あの頃は、学問研究の体制が、古いものから新しいものの方への転換の時期で、今から考えてみると、あのような私たちのふるまいが少し行きすぎだったような気もするが、しかし、私としては、この時の動きの同志共々、まちがった道ではなく、まだまだなかなか大変だが、当然辿るべき正当な道であったと信じざるを得ないのだ。そしてここで日本アメリカ文学会の基礎はでき上がり、やがて学会は正式に全国的なものになり、かつ全国幾つかの支部を擁する揺ぎのない制度となるに至ったのだった。もちろん、一挙にすべてが完結する筈もなく、問題はさらに続出するものと思われるが、それらをまた揺ぎなく処理してゆく基盤も、あの努力から生まれ出ていると確信し得るのである。

なお以上に書き落したことで、アメリカ学会から日本アメリカ文学会への発展に当って、三田の慶應の近くにある戸板女子短期大学が、一時学会の活動を人事的に交通整理する重要な拠点となった経緯ということがある。どうして戸板がそんな重要な役割を果すに至ったかといういきさつについては、私はその場に居合わせなかったから、殆ど知らないが、恐らく慶應が近くで吉之輔君が近間にいたし、戸板には立教の出身で、アメリカ研究関係の諸施設と深い関係にあった藤崎健一さんという方がおられて、事をまとめてゆくのが上手で、風見鶏介というペンネームで知られていた。一方では、吉之輔君が中屋健一氏や瀧口直太郎氏及び山屋三郎氏の側から、学生を中心とするアメリカ学会のアメリカ文学部会学生アメリカ研究会というのを、リードしていた流れがあり、ついにはこれと藤崎さんグループが一つになって、学生の勉強会を中心に、次第にアメリカ文学会なるものの誕生へと向かい、私もいつのまにかその仲間の一人となっていたということらしい。

私も非常勤で勤めた戸板で私がお世話になった、結婚前の渡辺節子さん（結婚後は増田姓）も活躍中だったたし、私も吉之輔君とのコンビで、あちこちで勉強会のリーダーをやらされた。というよりこれこそ本命とばかりに、学生との読書会に顔を出したものだった。そして話が大仰になるが、アメリカ軍政部側からの指示、アドヴァイスには、二人で頑固に抵抗した覚えがあるのである。そしてこんな形で、一九五三年六月に、アメリカ学会文学部会が発足するのだが、すでに述べたようにやがてこの文学部会がアメリカ学会から独立して、日本アメリカ文学会となったのである。

アメリカ文学会のことは、あまり長くなるのでこの辺で一応やめることにするが、詳しいことは、AMERICAN STUDIES IN JAPAN, ORAL HISTORY SERIES VOL. 21『大橋吉之輔・大橋健三郎先生に聞く』（東京大学アメリカ研究資料センター、1998）にあるので見ていただきたい。

私自身はその後暫時アメリカ文学会の会長に選ばれもしたが、同じ民主的な精神によって、会員の皆様の意見を公正にまとめるよう努力したつもりである。どうも自分のことばかりになってしまって、失礼を重ねたが、私とこの学会との縁《えにし》は長く、深く、今は会に出席することもできぬ障害の身ながら、会の発展への苦労を共にした会員の方々に心からの親しみと感謝の気持を送り、今後のよき発展を現会員の方々と共に祈りたいと、ここに書きとめさせて頂く次第である。

補遺

私が外大で教えていた間に学生となった人たちとは、実にその後も長くつきあってもらって、同窓会のようなものも持ったものだ。一番親しかったクラスは、私が外大から東大へ移っていった年の三月の卒業で、みんなそれぞれ然るべき会社に就職し、その後は実直、誠実なキャリヤーを続け、社会的にも貢献度高かった人たちである。ここに掲げた写真は、彼らが卒業後二十年近くもたった一九八九年十二月に同窓クラス会を開いてくれた時のもので（場所はどこだったか忘れた）、私たち夫婦が招かれ（全員の写真は残念ながら残っていない。マイクロフォンの向こうにいるのは、阿部

上・下とも同窓クラス会で（本文57ページ参照）。

義之君という幹事役の一人）、何やら記念のものを頂戴した次第だった。司会の阿部君の他に阿部君が二人いて、三阿部などと名づけたりしたものだったが、内の一人はのちに放送大学の教授になり、そのあとはどこだったかの大学に勤務したと覚えている。このクラスの卒業生の中には、世に出てそれぞれ充実したやり甲斐のある仕事をしたと記憶しているが、私にとってはいつも元気づけてくれる存在だった。もちろん他にも彼らの前後の学生とは、私自身が外大教師という身分が身についた頃でもあり、勢いづいていたから、会えばきっと懐しい思い出に胸をふくらませ、話もはずむに相違ない。

最後に一つ、外大で私の学生となった一人に、もう一度後のV部に登場してもらわねばならぬが、なかなか風変りというか、一癖も二癖もあり、文学の面では名前を知られた人物がいたので、他にも注目すべき学生は多くいたが、次の部に先立って特にここでひとまず紹介しておきたいと思う。この人物は少し前に亡くなったが、本名は三宅二郎、ペンネームは蟻二郎といって、『フォークナーの小説群——その〈全体化〉理論の展望』（南雲堂、一九六六）という本で、わが国におけるフォークナー受容にかなりな役割を果した人物である。忘れもしない、西ヶ原のまだ周辺に住宅やビルなどが建てこまず、外大の建物だけがあって、あとは運動場に続く平坦地が目立つ、新校舎の入口に当たる低い石段に彼が坐って、いろいろと身の上話をするのを、こちらは立ったまま聞いたことがあった。

彼は高校から直接外大を受験して入学したのではなく、戦後の混乱の中で普通の高校ではない施設か何かで数年を過ごしたのちに外大に入学した。一般の学生よりは二、三歳年上だったから（こういう時期だったから、もう一人数年遅れて入学してきた小原広忠君という、およそ蟻君とは正反対といった感じの人物もいた）一般の学生とは馴染まず、そんな状態で私の方も気になっていた学生だったから、つい話しかけていろいろと話をきき出したのだった。彼は確か兵庫県姫路市の生まれで、その時は学生生活をしながら何かアルバイトをしているようだったが、大分気さくな所もあるように見えたので、私はこの時点ではかなり親しみを感じていたと思う。この蟻二郎君のほかにも、ここに挙げることができる者もいたのではないかと、友人から問われたが、いや、蟻君はまったく別もの、まったく独自の人物で、彼に匹敵する学生は、先の小原広忠君と、のちに触れる柄谷行人君のほかは、誰もいなかったと言わなければならない。それが思いがけないかなり大げさな成り行きから、ついには別れ別れになってしまったのだが、それはのちに東大の大学院で彼に再び出会ってからの話だから、そのときにとっておき、今はともかくも紹介という形で済まさせて頂く。

実は、話はこの辺から徐々に学問や文学の方へ傾いていく筈なのだが、人生というものは、そうそう一目散に一時的目標に向かって駈けてゆくものではない。東外大そのものにおける情況は、既にこの部で述べた所によって、文学とは違った方向に傾きながらも、それなりに充実した人間味のある風景、情景の記述となったと思う。私の歩みも偉そうに言えば悠揚としていたつもりなので、不甲斐ないと思われるかもしれないが、どうかご理解をたまわりたくお願いする次第である。ただ、今訪れたばかりの東京外国語大学は、都心を外れた郊外にそれこそ悠揚たるたたずまいを見せていたが、いつかは大転換ともいうべき大学紛争に捲きこまれることになるであろう。この辺りまで語り終えたところで、この部は結び、次には、私が思いがけなく東大文学部に転出して行く件《くだり》へと進んでいきたい。——なお一言つけ加えておきたいことは、私はこの外大にいる頃から、ぼつぼつ文筆、と言ってもアメリカ文学評論が主だが、文筆を雑誌その他に発表すると共に、二冊ばかり評論集を出して日本のアメリカ文学界にぽつりぽつり貢献していくことになるが、この機運が広がり深まって一つのキャリヤーのようになりはじめるのは、何といっても次の部で述べる東大赴任時のことになるから、すべてはその時に詳しく述べることにして、今はただ本格的な研究活動の走りが、一、二あったことだけを伝えるに留めたい。

Ⅳ　東大赴任の経緯

私は、昭和四十四年（一九六九）三月、東京外国語大学を去って、四月、本郷の東京大学文学部に赴任することになったが、どうしてこんなことになったか、正確な道筋は、高齢になってしまった現在から振り返ってみると、ぼんやりしたことしか思い浮かんでこない。私を東大文学部へ招いて下さったのは、当時学会とも殆ど関係なく、あたかも孤高を持したかの如く、まったくの個人として（と思われたが）アメリカ文学を研究し、『アメリカ文学覚え書』（昭和三十四年、一九五九）といったユニークな研究書を上梓しておられた、東大英文科の故西川正身先生だったが、私は、具体的にどういういきさつでお招きに与《あず》ったのか、詳しく正確なところを今思い出せない、まったくの不肖の弟子といった有様なのだ。おそらく、西川先生の御業績は私たち仲間の耳にも十分に聞えていたから、誰か先生の直弟子で私のちょっとした書き物のことを知っていた人が、先生にその書き物（多分アメリカ学会の機関誌に載せたもの）を贈るよう助言してくれ、私がそれをお贈りしたことから、先生に名前を知られるようになったのかもしれない。また、当時私が世に問うた『危機の文学—アメリカ三十年代の小説』（南雲堂、一九五七）を読まれて、気に入られたということも、聞いたこ

とがあるようで、あるいはそうしたことから、私の名前を気にとめるようになってお
られたのかもしれない。
　私もその頃には、いささかの学問的野心をもつようになっていたから、先生に直接
お目にかかってアドヴァイスを戴きたいと思ったに違いない。そうしたことが誰かか
ら伝わって、先生もこの男は一度引見してやろうという気持になられ、私の方から恐
る恐る吉祥寺のお宅に伺い、初めて先生に直接お目にかかったのだったか。お目にか
かったときのことはかなりよく覚えている。先生は、おだやかな口調で私のことをい
ろいろお訊きになり、私もそれにお答えすると、私の仕事としてふさわしいものを幾
つか指摘して下さった。もちろん、初対面から仕事を命ぜられることなどあり得なか
ったが、いつかという期待に胸をふくらませたことは忘れられない。そのときはそれ
だけで済んだが、そのあと私の方から色々と書いたものをお送りして読んで頂き、先
生も次第に気を許されたのか、私の執筆を支援して下さると同時に、ちょっとした仕
事のお手伝いもさせて頂く、といった按配になったのだった。
　もちろん、そうした私を、本郷の先生として助教授に呼ぶ決心を固められるまでに

は、まださまざまな考慮や調査が必要だったに違いない。そして私の方でも、本郷へ呼ばれるなどということは思いもよらず、ただ自分の気の赴くまま文学放浪を繰り返し、次第にいささかの実績も挙げられるようになり、昭和二十九年（一九五四）には、アメリカ深南部作家ウィリアム・フォークナーの『パイロン（標識塔）』（一九三五）を、映画化されて日本に入ってきたために『空の誘惑』（ダヴィッド社）と題を変えて翻訳出版、続いて昭和三十二年（一九五七）には小冊ながら先述の『危機の文学――アメリカ三十年代の小説』という評論書を、南雲堂から出版することができたのだった。

補注

東大赴任までの情況を、従来の成りゆきのテンポでゆっくり書いてきたが、実は、この頃から私の学会活動と言うより、文学研究のテンポが次第に早くなり、かつ拡がっていったので、補注の形で、その面を少しでも書いておかなければ、全体の足並が乱れる恐れが出てきた。そこで取りあえずその面を、重点的にだが、まとめてここに書くことにする。最初に挙げておきたいのは、一九五〇年代にはのちに私の最も大きな専門分野となるウィリアム・フォークナーの上述の作品翻訳の他に、「フォークナーの技法」という一文をも書いていることだ（高村勝治編『二十世紀アメリカ小説の技法』南雲堂、一九五九）。これは別の本にも書いたことだが、フォークナーがノーベル文学賞を受賞したのは、その九年前の一九五〇年のことで（前年度四九年の分の受賞だった）、周知のように、彼はそのあと、授賞会場のあるストックホルムの式場へ娘のジルと赴いたあと、アメリカの文化使節のような形で、そちこちへ、五五年には長野のセミナーに参加のため訪日もしたのだった。

だから、五〇年代から六〇年代、七〇年代にかけては世界的なフォークナー・ブームで、私の東大赴任のきっかけになったと覚しい研究業績も、そのブームの余波の余波とも言うべきものに負うていたと思うと、何とも不思議な人間世界の奇縁を感じざるを得ない。もっとも私は、早くからフォークナーに夢中になっていたわけではなく、始めはスタインベックやドス・パソスに力を入れてから次第にこの作家に打ちこむに至ったのだから、私としては、他の多くの世界的な作家たちの中で一個の集約点になってくれたという意味で、遅まきながら末永く研究することになったのである。そしてやがて一冊の本ではとてもおさまりきれないことを見出したときには、出版元の好意もあり、何巻でも書きたいだけ書く覚悟だった。結局三巻で一応のケリはついたのだが。

V　学園紛争のただ中で

Ⅳの「補注」に書いたような次第で、私は学会の方のアメリカ文学の分野にかかわると同時に、ぼつりぼつり母国文学についての文芸評論の如きものも書き始めていたから、文芸の面ではかなり忙しい充実した時を送り始めていたが、よいことは重なってはこない慣《なら》いで、一方の大学勤務の面では思いがけなく強烈な学生運動の波をかぶって、必死の思いで大地を踏み占める情況に、一時的だがなってしまったことがあった。試みに、岩波の『日本文化総合年表』(一九九〇)の、私が東京大学に赴任した一九六九年(昭和四十四年)の「政治・社会」の欄を覗いてみると、九月五日に「全国全共闘連合結成大会」、十月二十一日国際反戦デー、86万人が参加、全国で機動隊と衝突、十一月十六日「反安保全国実行委・沖縄連共催、首相訪米抗議集会開催、各地で同時多発ゲリラ」……等とあって、眼を見はるが、そのままふとその右の欄の「芸術・思想・教育」の欄を見ると、トップから「一・一〇東大、7学部集会を青山秩父宮ラグビー場で開催、事態収拾で日共系自治会などと合意」、『一・一九東大安田講堂封鎖解除(機動隊八〇〇〇人を投入)』(これは医学部学生の闘争に始まり、安田講堂の学生による封鎖に至った大事件であった)、「一・二〇東大六九年度入試中止を決定」……と、私が着任する前の紛糾の容易ならざる事態が記されている。その頃はまだ外部にいて、恐らくこうした事態を風聞して驚きながらも、まだそれでどうなる情況でもないようすだったから、何心なく文学部教授会の一員となったのだが、前著の『わが文学放浪の記』でも書いたように、何と私は事態の大きな変り目変り目に、大げさに言えば歴史の活断層に踏みこむように運命づけられていたことか、と何度か嘆声を洩らしたものだった。大学紛争の極点は一九七〇年のことだった。それと同じようなことが起こる歴史の定めの中に蠢《うごめ》いていた（いる）と言わざるを得ないのだ。

もちろん、教師としては、直接の紛争がなければ、学部及び大学院で後進養成に努めるのが当然で、殊更に問題を起すことなどできるものではないが、それでも内に燻っているものは、時に外に噴出することがあるものだ。私自身も、何がきっかけになったかは、今では漠然としているが、一時期学生運動で校舎が封鎖されて、教室も今まで通りに使えず、教授会の部屋も使えなくなって、武道場かどこかで教授会が開かれたとき、ここにも学生が襲ってくるという噂に浮き足立った教授たちに対して、ここは守るべきだという意味の言葉を私が口走った覚えがあるが、恐らく途中で機動隊か何かに制せられたのであろう、とうとう学生たちはあらわれなかった。それよりも今では悪夢のようで事実だったかどうかもはっきりしないのだが、確か林学部長罐詰事件というのがあって（フリー百科事典『ウィキペディア』というのによると、学部長は一九六八年十一月四日から十二日まで全共闘に監禁された）、私などは何をどうする術《すべ》もなく、ただ呆然と立っているばかりだったが、これも結局学部長は機動隊に救い出されて、一件落着だったと思う。確かそのあと林健太郎氏の意気揚々たる演説があり、笑顔が見られ、またやがて総長に選ばれたことが、私にはこれこそ悪夢の淡い印象のように残っているのだが……。

私自身のことを今から振り返って思い見ると、既述のように、時には大学当局の打つ手のなさに苛ら立ち、全共闘学生に強いシンパシーを感じることもあったし、総じて学生の方のシンパだったが、東大の卒業生ではないよそ者（と、そう学内では呼ばれたことはないが、学外ではある教授から言われたことがあった）だったためか、激しい紛争の中では自己の依拠すべき点が容易に定まりがたいことに、かなりの心細さを感じたことを告白しておかなければならない。しかしそれでも友情というものはありがたいもので、そんな中で私の心中を正確に察して、激励してくれた同僚もかなりあったのである。その一事だけでも、私は東京大学の文学部に感謝すべきものを多く負うていると、言わなければならないだろう。

それに、在任中に識りあった学部及び大学院学生たちの見せてくれた厚情である。私はもともと、学生あっての大学教授だ、という思いの深いたちだったから、学生を甘やかすのではなく、学生たちと同じレベルに立って、共に学ぼうという気持が強く、実際にも、殊に講義よりは演習の時間だが、学生の中に入ってゆくという思いの実践を果し得たという、自己満足を未だに抱いている次第である。実際の授業においても、ただ、例えば作ってきたアメリカ文学史の講義のノートを読むだけでなく、読んだ所が分かってもらえるまで質疑応答を繰り返したつもりだし、大学院の演習においては、アメリカで覚えた研究発表者プラス　コメンテイターという方式を用いて、一人の発表者に対して今一人の院生にコメントさせ、そのあとは私も中に入って、十名ほどの院生と共にディスカスするというやり方をとった。これは、自然に繰り返してゆくにつれてその効果も眼に見えてくるという、私にとってはうれしい結果となったし、そのときどきの院生諸君にとっても、実りの多い演習方式だったと思われているに相違なく（その頃私は早稲田大学文学部の大学院に非常勤で出講していたが、同様な方式で喜ばれたと自負している。早稲田でも学生の紛争で授業ができず、あと東大に廻って、また封鎖を喰ったこともあった）、未だに年に一度私大橋を中心としての東大大学院修了生との研究会（大研と称する）に十数人集まってくれるのである。

どうやら自分中心に書きすぎたようだが、以上も、私を最初に東大に招いて下さった西川正身先生を始め、同僚諸氏及び学生諸君の好意のお蔭と、ここに改めて感謝申し上げる次第である。

補足として

紛争が極まってくると、教室の封鎖やらで授業も満足にできなくなり、教師としてはそのことによる苛立ちに加えて、学生、院生が何をしているのやらも分からず、ある時など学生の状況を調べるために、教授会のメンバー数人で確か二号館から三号館に向かって歩いてゆくと、館の入口の蔭にたむろしている二、三十人の学生の中から一人、「大橋先生え！」と声をかける者がいるので、その声のありかはと望み見ると、熟知しているどころか、その全共闘的見解にシンパシーを示したことのある一人の院生（牧野有通君であったらしい）が、地面に腰を据えたままこちらを見て手を挙げているのに、いささかはっとして、廻りの教授方の気配を窺ったが、教授方には余計なことには拘わらないという気持がおありか、むしろ知らぬ顔で通りすぎようとしておられる。それで私も正常の気持に戻ったらしく、院生の方に軽く手を挙げて教授方と一緒に通りすぎてしまったものだった。間《ま》の悪さ、と言っても自身に対する間《ま》の悪さとも言うべきものだが、まことに間《ま》の悪い気分で、心の眼をつぶってしまったのである。かくして私と学生たちとの間は、ともかくも人間的であり、また文学的であったとも思うのである。

こんな状況だったから、講義も演習も様《さま》にならぬ状態だったが、私の基本的計画というものはあったので、編集者からの要請もあり、その計画の概略を次に記しておく。

学部と大学院の両者の授業があったが、まず学部では、何と言ってもアメリカ文学史の講義が中心だった。文学史である以上、もちろん年代を追っての講義だったが、私は文学史としての時間的経緯を基本にしながらも、ただ時と共に変わってゆくだけでなく、過去から現在へと引き継いだものを考慮するだけでもなく、今問題にしている時点から次の時点に向けて引き継ぐであろうものの姿も暗示するよう、努力した覚えがある。だから、むろん歴史的に展開していくのだが、その展開の間にさまざまな形での過去―現在―未来の往復運動が籠っているように、講義を工夫したものだ。学生諸君には、くどいように思われたか、それとも納得のゆく文学史となったか。――演習にどういう教材を使ったかは忘れてしまったが、綿密なテキストの解釈と、そこから感得し得る作品の鑑賞を主にしようと努めたことは、言うまでもない。

大学院は演習一つで、これはまえに書いたように、発表者とコメンテイターを予め指名しておいて、最初の発表者の見解に対するコメントを次に聞き、それから私をも交えたディスカッションを、自然に自由に続けるといった形をとった。これは、参加者の心を固苦しさから解き放って、これはと思うような、思いがけないほど自由な発言もあって、互いに批判し合うと同時に、互いに諒解し合うという、理想的な学習の場が現出したという自信を、私は抱いているのだが……。ただ演習の対象として、どんなアメリカの文学作品を、一年にどれくらい取り上げるかという点になると、それほど自由がきくわけではなく、アメリカの古典で言えばやはりホイットマンとか、エマソン、ポー、トウェイン等、近代になればハウェルズ、ドライサー、二十世紀に入ればもうここで数えるのが意味ないほど多くなるが、一年間でせいぜい二、三冊、少ないときは『白鯨』一冊を一年かかって読むという場合もあった。

私は、一面フォークナーを専門としているが、そうフォークナーばかり取り上げるわけにはいかず、現実にはむしろ遠慮がちになって、この作家は恐らく今までも稀にしか取り上げなかっただろう。大学院のクラスは一時多いときがあって、私が東大へ行った始めの頃は、どうしたわけか十数人もゼミナリステンがおり、中に前に触れた蟻二郎君や柄谷行人君、柄谷夫人となった原真佐子さんなどがいて、多彩で刺激的なクラス編成となった。先に蟻君のことを詳しく書いたが、彼はこの大学院のクラスの縁で、批評家柄谷行人君にフォークナーを紹介したという栄誉をも担っていたわけだ。

柄谷君自身は、学部は経済学部であったせいであろう、フォークナーにもアメリカ文学にも必ずしも忠実ではなかったかに見えるが、その後の一般的評論家としての目も鮮やかな成長ぶり、仕事ぶりを見ると、彼の文学研究が秘めている広やかで根の深い様相がどこかに大きなプラスの役割を秘めているように、私には思われてならないのだ。私自身は、こうした院生たちと近づきになったことを、望外の幸いだったという思いを否定することができないのである。

右の補注の続き

学年末も近くになってきた頃だったろうか。大学側の封鎖や学生側の占領が済んだ直後で、まだ教室が普通に使えず、講義はやめて、学部演習と大学院の演習だけをやっていた頃だと思うが、小さな教室の斜め半分で学生たちと話が出来るようにしてあって、卒論か単位論文のことを個別に学生と相談したことがあったが、あらかた済んだと思う頃、片えに学生が二人立っているので、どうしたときくと、授業がないからどうしようかと思って立っている所です、という意味のことを言ったと思う。きいてみると、英文の学生で、一人は泰然としていたが、もう一人の方は、こんな状態でつまらなくて、もうどうでもいいと思って、旅行に行ってきましたという。旅行先は、何でも海外（東南アジア〔?・〕）のどこかということだったと思う。こんな学生もいるのかと思い、けっして大学を諦めないよう、時の来るのを待ちなさい、と言ったつもりだったが、かなりたってからのちに考えてみると、どうやら然るべき経緯で何とこの二人は共に東大文学部教授となったらしく、現在二人共その肩書をもっていることははっきりしているのだ。

私のこのようないわば遊びの本とも言うべきものに、当人たちの実名を出すのは、失礼というか、どうもそぐわない気がするので、Y・S君とM・S君とイニシャルで記述することにさせてもらうが（それでもかつて『S君とS君』という、二人の本が評判になったことがあるから、ああ、と察しのつく人も多かろう）、二人共若くして（私の専門でもある）アメリカ文学に関して、Y・S君の方は、文学の重要な素地となり得る音楽、特にジャズや歌謡曲の文学創造に果し得る貢献度といった面を正確にキャッチした本を書き、その方面で欠くことのできぬ役割を果している。他方M・S君の方は、アメリカ文学の現時点における注目すべき新しい作家の作品を、驚嘆すべきほどに次から次へ邦訳して、文学の新しい情況と姿形を、滞りなく私たちの元に届けてくれる。——翻訳書の数は既に夥しいものになっていて、そうした中で翻訳のあるべき姿のかけがえのない手本として、また翻訳の理論的根拠を教示する翻訳学者的な姿勢をも鮮やかに見せているのである。——こうしたことは、激しい学園紛争が起きるような歴史的大変動の時代故に、それと連動した文化（文学）の大き歴史的変動のアクチュアルな姿そのものに他ならないのではなかろうか。——実は、これと同じ時点で、私は当時学部の学生だった高山宏、富山太佳夫の二君にも出会っている［拙著『心ここに―エッセイ集』参照］——そうした見方にリアリティがあると思うが故に、右の一齣をこの東大紛争を描く項の第二の補注として、挿入させてもらった次第なのである。

もう一つ私が学生の動きに共感して、あるいささか過激な行動をとった出来事に、筑波大学発足に反対の訴えをしたということがあった。一九七四年のことだったろうか。東京教育大学を新しく改組して、筑波大学という、古い教育学体制を新しい実質的なものに改めようとする企てがあったが、その改組の理念及び実践に喫緊に必要な学問上の要請に見合うべきものが見られず、私たちには、ただ国の要求の名においてなされる大学組織の拡大のために、関係教官の手当てを拡大するだけの相当な予算の浪費のように見えたのだ。私はその頃日本アメリカ文学会の東京支部長の役を勤めていたが、先方のアメリカ及びイギリス文化専攻の教授たちの、筑波大計画への賛同協力を阻止しようとして、ある時アメリカ文学会東京支部の尖鋭数人の先頭に立って、筑波移転派の人たちが集まっている所へ押しかけて、その派のリーダーは確か高村勝治氏等だったが、筑波大学への移行に強く反対する攻撃を、正面から投げつけたものだった。その主張に対する納得のいく返事はとり得ず、多分私は恨みを買っただけで、その後の成り行きは、筑波大学の悠揚たる勝利の確認に終ってしまった。私たちは無念の気持を捨て得なかったが、あとはどうすることとてなく、筑波大学は成立、そして有力と見える教授たちの筑波大学教授への転身が、一般的な事実となるに至ったのだった。私などはやることなすこと不成功で、情けない情況だったが、それでも私たちの努力によって正道に目ざめた向きも、やはりある程度あったのではないか、と確信している次第なのである。

以上のような東大紛争中の激しい動きと、その中での自分のふるまいとを並べて書いてくると、どうやら私自身が、東大の長い伝統がずれかけた時点でたまたまスタッフの一員にして頂き、前にも少し気にして書いた一種のよそ者的姿勢が、紛糾の流れに乗って、今まで書いたような成り行きになったのだと思えてくるのだが、いかがなものだろうか。これは、私のよそ者的姿勢をマイナスの面からだけ考えるのではなしに、むしろプラスの面から考えたいとする気持のあらわれであろうが、けっしてただの無理な我田引水的自己評価のせいだけからのものではなく、むしろ東大の長い伝統の孕んでいた矛盾の小さな一つを、たまたま私という、東大の伝統とは異質なものをもった一個の人間が、私自身というかけがえのない立場から、たまたま立言、揚言したのに他ならぬと考えて頂ければ幸いなのだ。現実のと言うより、むしろ文学的な心情からの願い、もしくは夢（だから普遍的なものをも含み得る）としての立言、揚言として理解して頂ければ……。以上はまったく私自身の自己弁護として書かざるを得なかったのだが、私自身として、その自己弁護の中に、私が文学的と呼ぶ人間的な、それ故にまた一般民衆的でもあり、また民主社会的でもある美点が含まれていることを、重ねて私は申し述べたいのである。そのために見えてくるかもしれぬ問題点については、さらに読者と共に検討することにして――。

短いインタールード

うっかり忘れていたが、前の第Ⅲ部に書きかけて、あとはこの第Ⅴ部に、と予告した蟻二郎君（ペンネーム）のことを追加的に書いておかなければならない。ここで彼のことを追加するのは、実は彼が外大を終えてから東大の英文科の大学院を受験して合格し、私が再び彼と面と向き合うことになったからである。なかなか珍しい人物だから、英文学徒としても考えさせられる点も多いので、補遺としてじっくり書きたいと思う。私自身徐々に彼の人柄に触れるようになったので、実にさまざまな時点で彼のそれぞれに違った面に出会い、あっと思って見直すという有様だったから、彼が故人になってから結構久しい今でも、さまざまな面がそのまま思い出されてきて、印象をまとめることの困難さを感じるのである。当時誰かから聞いた話によると、前橋市かどこかの旧家の娘さんと懇意になり、いよいよ婚約という運びで正式な見合い（向こうは旧家だから、伝統的なしきたりに厳しかった）として、ひとまず男の方が嫁になる女性の宅の敷居をまたぐという儀式がマストだったのだが、彼はどうしてもそれを果す気になれず断ったために、この婚約は早くに破談になってしまったという。

　こう書くと、蟻二郎の硬骨の面を見るようだが、逆に気の弱い面もかなり明瞭にあって、どういうきっかけがあったのか彼はわが亡妻には頭を下げていて、何か困ったことがあると彼女に電話をして窮状を訴えたという。私はその電話の現場に立ちあったことはないが、ただ妻の元気づけの言葉を聞くだけで納得したというから、一種の甘えの根性だったのではないかと思う。前に書いたと思うが、大研の始まりとも言うべき談話会の時に、妻がいろいろと皆の面倒を見たので、ちょっと甘える気になったのかもしれず、それを彼女は軽く去《いな》していたのであろう。彼はこの勉強会の時に何か差し出がましく振舞って、それで皆にいやがられて、その勉強会も行き詰ってしまったらしい。内気な面と思い切りのいい面の両面があって、後者の面では例のフォークナー論を筋の通ったものにし得て、その本を同じ大学院で識りあった柄谷行人君のフォークナー理解の一つの鍵《キイ》たらしめることができたのだった。

それに企業能力もあって、一時太陽社という小さな出版社を興して、知人の本を上梓したこともあったのである。彼は自分の本も、一章を書く度毎に組版させて私に読ませ、かくしてその各章を書きついで終った所で紙型にとり、一冊の本として南雲堂から出版してもらったのである。ともかくも珍しい人物で毀誉褒貶相半ばするところだが、私の弟子筋としてはずぬけて変り種だったので、やや長々と書き立てたが、フォークナー研究に関して言えば、それだけの値打ちはあったと私は思うのである。私の東大就任と学園紛争に並べてみれば、まことに奇なる連関と言えるが、あるいは世の中とは本来そうした奇異なるものなのかもしれないのではないか。

Ⅵ　わが研究の軌跡

いろいろと東大関係のことを書いてきたが、まだ書きたりない思いがするのは、この東大専任の教師としてさまざまな恩恵に浴したが、やはり何と言っても、学問研究の面で実に有効な刺激と、真に深く豊かな教示を得たことを、わが肝に命じているので、先に少しだけ書いたが、心ならずも他の問題に筆をそらせてしまった。私の文学研究及び評論の、東大赴任を契機とした発展の様《さま》を、是非次に書きとめておきたいと思う。先に、フォークナーの『標識塔《パイロン》』の翻訳書『空の誘惑』のほか論文集一点を書きとめただけだったが、実は横浜市大在職（一九一〇～一九五五）中から、論文や評論を次第に頻繁に書き始め、東京外大赴任（一九五五）以後は、論文だけでなく、書下ろしの著書及び評論集の出版を、しばしば世に問うことになった。東大に先立つ契機としてその点も書いておくが、論文説明から書き始めることは厄介だし、単行本だけを主に、主だったものを先に書き、その補遺といった形で論文の重要なものをつけ加えることにしよう。

　まず私の最初の単行本出版を見ると、横浜市大時代に書いた先の『危機の文学――アメリカ三十年代の小説』（南雲堂不死鳥選書、一九五七）というのがある。これは、主として Murray Kempton, *Past of Our Time: Some Monuments and Ruins of the Thirties* (1955) という本を参考にして書き下ろした。三百ページほどのやや小型の本だが、一九三〇年代という、二十世紀文学の一大危機的時代におけるアメリカ小説の本質に迫ろうとした、いささか気負った評論書で、その気負いとそれからくる一種の自負心が、「私は――」ではなくて、「僕は――」という若い書き方と見合って、ある種の効果を上げていたように思われる。扱うところは、アメリカ三〇年代の危機の様相の概観から始まって、ドス・パソス、ファレル、スタインベック、ウルフ、そしてヘミングウェイとフォークナーへと、それぞれの作家の特質を時代の文化的危機を背景に浮かび上がらせ、論の幼さももちろんあるが、彼らの反時代的急進性とその限界、しかしその相剋から自ずから浮き出てくる新しい幅広い想像《イマジネーション》力の力といったものを、そこばく感じさせる批評書と呼んでいいのではないか。

それから六年後に『二十世紀アメリカ作家案内』（研究社、一九六二）というのがあるが、これは「案内」書なので今はさて措き、その二年後の『荒野と文明――二十世紀アメリカ小説の世界』（研究社、一九六五―外国語大学時代）と、そのまた約十年後（東大時代）の『アメリカ文学論集――人間と世界』（南雲堂、一九七七）を挙げておきたい。両者とも書下ろしではなく、さまざまな雑誌に（後者は新聞にも）最初書いたものを、のちに機を見て一書にまとめたものだが、それぞれの全体的なテーマはそれぞれの表題に現れている。例えば「荒野」と「文明」ということは、広大な北米大陸の近代的な人間社会の毒には冒されぬ、かつてからのままの大自然――それを象徴的に名づければ、聖書創世記に言う荒野《あらの》――と、西洋古代から近世をへて近代に至るにつれ、急激に反自然的な科学的、機械的なものに変容していった人類社会の現実の姿――それを広い意味での文明と呼んでいいだろう――との対比もしくは両面性《アンビヴァレンス》ということが、近現代アメリカ文学に象徴的な一種普遍的な主題を与えていることを意味している。先の『危機の文学』とはむしろ逆方向に、かつて在り、現在もまだ確かに在る「荒野」たる大自然が、「文明」の浸食によって追いつめられながら、なおその貴重な精神的な美徳《ヴァーチュー》をただ保持しているだけでなく、むしろ逆に、その精神的力を広め強めてもいることの、文学作品による証言を追求していると言っていいのである。

従ってその証明としての文学作品の扱い方は、例えばフォークナーの『行け、モーセ』中の「熊」に見られるように、先の『危機の文学』とむしろ逆方向に、かつての「無垢《イノセンス》」の象徴のような大自然の「荒野」が、その主とも言うべき巨熊オールド・ベンの野人ブーン・ホガンベックによる殺戮、それと共に猛犬ライオンの死、さらにはその血の中に古《いにしえ》の高貴な生命を秘めた老人サム・ファーザーズの死といった、神秘的と言っていい不思議な死の重なりによって、貴重な「荒野」の「無垢《イノセンス》」が、反自然的で新しい人間の発展――それは「無垢」ならぬ新しい汚れた「文明」がもたらす「経験《エクスピアリアンス》」である――のために破壊されてゆくが、しかし実際には破壊される「無垢」あるいは「荒野」の本来的な生命と精神が生きのびて、真正の精神的力を保持し働かせる、その究極的情況が人間社会への警告としてのように、最後に刻印されるのである。作品で言えば、今のフォークナーの「熊」を初めとして、さらに例えばヘミングウェイの『老人と海』(一九五二)――巨魚マーリンと戦う内にもライオンの夢、アフリカの夢を見たいと願う老人サンチアーゴにとっては、「熊」に似て、マーリンは「愛」と「尊敬」の対象であり、彼らは「あらゆる人間の彼方に」出て行こうとする。しかし「人間」はもちろん最も大切なものだから、この場合「文明」の比喩と考えられ、ここでも「荒野」と「文明」の対比は極めて顕著なのだ。

私はこの本で、さらにF・スコット・フイッツジェラルドの『偉大なるギャッビー』（一九二五）と、トマス・ウルフの『時と川について』（一九三五）、それにスタインベックの幾つかの作品やドス・パソスの『北緯四十二度線』なども扱っているが、いずれも究極のところ拙著の表題の立証となっていて、その余りの顕著さから自己反省したかの如く、「付」として「メトロポリスの憂鬱――最近アメリカ文学覚え書」という、いわば「荒野」を失った今日の「文明」（「石と鋼鉄」の世界）の暗さと、心深くに秘めたそこからの脱出のアメリカ的願望を顕示したつもりなのだ。――『荒野と文明』に多くの枚数を使いすぎた上に、『アメリカ文学論集――人間と世界』（一九七一）にも触れなければならぬが、この方は、書下ろしではなく「論集」であり、古典及び今世紀のアメリカ文学について書いた長短の評論を、「I 人間と世界」として集め、Ⅱ、Ⅲ は個々の白人作家論、Ⅳ は黒人文学、Ⅴ は現代小説論、Ⅵ 以下 Ⅷ にはたまたま書いたモームとトインビー論や、日本の我々からアメリカ文学をどう見るかという大きな問題（Ⅶ）、最後は雑多なエッセイ、といった具合になっている。

「人間と世界」という表題は、ロブ＝グリエの言葉から借用したものだが、前に表題になった「荒野と文明」、ずっと後の著書の表題である「〈頭《ヘッド》〉と〈心《ハート》〉」に内面的に連なっているが、後者は東大定年退官以後という遥か後のものであり、『荒野と文明』とその『「頭《ヘッド》と心《ハート》」』の間には十年の開きがあるから、この辺で拙著等の記述はいったん中止して、後にこの十年の開きの間にものした『フォークナー研究1〜3』他と共に、機会あれば書き記すことにしたい。その他にも単一論文や編著、翻訳等いろいろあるが、それらをどのように収録するか、あるいはしないか、折々の情況に応じて判断することになるだろう。

Ⅶ　暦還《めぐ》り官退き鶴見大学へ

1

私は大正八年（一九一九）未年《ひつじ》の十二月十八日生れで、東大を去った昭和五十五年（一九八〇）三月は、ちょうど十二支が五回めぐった還暦の年月から約三か月後だったが、ともかくも定年退官というので、この年に、まだ在学中の諸君から、既に世に出て新進の学徒として活躍中の、かつての私の学生方、それに私よりも年上の方のまじる、私の友人、先輩、また親しかった現役の作家、文芸批評家の方々との、三者のグループからなる、『文学とアメリカI、II、III』と題する私のための三冊の記念論文集（一九八〇）を、相継いで出版して頂いたものだった。そのIには若手諸君の論の他に、私の東大最終講義「フォークナーの方法」と私の「略歴と主要研究業績」の表を掲載してくれ、身にあまる私への激励の言葉を載せてくれたが、IIには例えば島田太郎、牧野有通、國重純二、亀山照夫、村山淳彦、林文代、荒このみ、楢崎寛などの諸氏の気鋭の論文を載せた上で、またもや私へのオマージュを捧げてくれている。

そして最後のⅢには、私より年長の菅泰男、小島信夫、斎藤光、橋本福夫、尾上政次、金関寿夫のような方々からばかりでなく、平岡篤頼、柴田翔、蓮見重彦、本間長世、小川国夫、坂上弘、後藤明生、大庭みな子、亀井俊介、加島祥造、井上謙治、野島秀勝、宮本陽吉、志村正雄などの諸氏の（以上の諸氏の中には故人となられた方が五、六名おられるが、あえて「故」とは記さなかった）尖鋭な諸論文に加えて、「あとがき」に心の籠った激励の言葉を頂いて、感無量といったありさまである。それに、今手元にそのときの記録が見当らないので心許ないが、その年の秋だったかに催して頂いた私の還暦記念会では、記憶に間違いがあれば申し訳ないが、確か大庭みな子、金関寿夫、小島信夫、井上謙治等の諸先生から祝辞を仰いだ、胸に厚い思い出がやはり今も残っている。私は、私の京都市町家《まちや》の商家出身の身ということから（前著『わが文学放浪の記』に書いたように）、文学の世界ではいつも一種の孤立感を抱いていたように思えるが、逆にむしろ多くの方々から厚いご好意を頂いて、文学の世界にす

渡辺利雄氏の東大退官の祝賀の宴で

っかり馴染み、手前に頂く恩恵に報いて何か一つでもこの世界に貢献したいと念願しつつ、東大退官のあともなお教職につくことを望んでいたのだった。

すると、どなたからだったか、中央大学の文学部に転出しないかと誘って下さる方があり、心は大きく動いたが、何分にも当時は私の住んでいる所からは八王子市は遠く、電車の便もよくないので、申し訳ないながらお断りした所へ、鶴見総持寺の学苑である鶴見女子大学文学部を紹介して下さる方があり、ここは近くて交通の便もよさそうなので、その招きをお受けするために大学をお訪ねした次第であった。鶴見の辺りは少しは知ってはいたが、総持寺学園のことはまったく知らず、どんな環境か少し不安でもあったが、訪ねてみれば、ＪＲの鶴見駅から歩いて十分位で、文学部もこじんまりして明るく、一教師として楽しく勤まりそうだったので、学長にも学部長にもお会いして、就職を認めて頂いたのだった。早速四月中旬頃から出講したが、学生数も多くなく、無事に勤めが果せそうで、ほっとしたものだが、役職につける自信はなかったから、それだけは当分辞退することを認めて頂き、転任の情況のすべてがすんなりして、本当にありがたく思ったのである。

私はこの大学の文学部に満十年間七十歳まで勤める約束だったが、何年だったか、数年たって大学に歯学部が新設されて男子の入学を認め、大学名も「女子」をとり、「鶴見大学」と名乗ることになった。また私が辞めることになっていた平成三年（一九九一）の前年には、文学部に大学院ができることになり、私はその第一期が完成する平成四年（一九九二）まで、大学院教授としての責任の一端を担って、勤務を続けたのだった。その間《かん》の文学部勤務の情況は問題なく平穏で、学生数も多くなかったせいか、教師との間もなごやかに進み、特に何人かの学生には研究指導上親しみが深ま

鶴見大学学生、大学院生と

り、彼女たちも何か問題があると、素直に私の意見を聴くといったありさまだった。学部学生として私の眼を引いた学生の中に、のちに大学院に進んだ者もあり、また東洋大学の古平隆君の夫人が大学院に入ってこられたことや、志村正雄氏や國重純二君がそれぞれの定年後この鶴見大学へ移られたこと、それに私が就職して以来親しくなった英文科の土屋順子、生野摂子の諸先生、大崎ふみ子、相良英明、森邦夫などの諸氏（中でも森氏は、かつて私が仙台の東北学院大学で非常勤講師をしていた頃の学生で、まことに「縁は異な物、味な物」の感を深くする）

等々、鶴見大学と私との縁は、大変深いと言わなければならないのだ。

2

鶴見の総持寺と言えば、曹洞宗の大本山たる巨刹で、本堂もすばらしい建物だが、付随した施設もなかなかすばらしく、また付属の墓地は広く、有名人の遺骨を多く納めている。だからもちろん、本山としての行事も多く、所属の大学生も、例えば本山に年に一度は一泊参禅するつとめを課せられている(一泊参禅と呼んでいたと思うが、私は残念ながらはっきり覚えていない)。私も一度参禅を経験してみたが、悠揚たるおつとめで足もまったくしびれず、肩を打つ儀式もけっして強くはない。逆に緊張をほぐしてもらうような感じだった。一泊参禅のほかにも、何か学生に課されたきまりがありそうにも思えたが、教師の方の私には何ら特別な制限はなく、昼食時や授業のないあいた時間には、寺から十分も歩いた、鶴見の駅近くに商店街があり、食事もさまざまなものにありつける。境内を散歩したり、墓地を見てまわるのも、心の静まるからだの運動になるし、それに本を探したいときには、駅へ行く道に本屋があり、そこで時間を潰すのも悪くはない。

その上この鶴見には、駅から反対の方へ少しいった所に、何年来友人として親んできた一水会の長老級の画家の中谷画伯一家が暮らしておられ、私がもう少し若かった頃にはよく訪ねて話しこみ、また一緒に、鶴見では一流と見られるレストランで食事を共にしたものだった。この中谷画伯は、私たちがかつて紹介した、信州軽井沢追分に大きな別荘を建てて立派なアトリエを作られ、そこで一夏制作に従事するという羨ましい存在となっておられる（一二一ページ写真を掲載）。私は残念ながら、今の所ずっと車椅子生活を強いられているので、追分にもいけないし、中谷さんが上野で一水会の展覧会に出品しても見にいけぬ、という辛さを胸に抱えこんでいるといった次第。中谷さんなどとのかつてからの追分の生活も書きたくなってくるが、今はそこまで鶴見を離れることができないから、ペンを控えて、もう少し鶴見大学と私の間柄とも言うべきものを、横浜の地理に即して語ってみたい。

妙蓮寺というずっと今までのわが家の所在地から言うと、もし電車で大学まで出かけるとすると、まず東横線で横浜、それからＪＲで東神奈川をへて鶴見へということになるが、歩くのを入れて結局一時間近くかかるし、バスとなると、バス停まで歩いて鶴見の駅近くに出、また歩いて結局一時間、手っとり早いのは、タクシーをわが家に呼んで、まっすぐ総持寺まで飛ばすと二、三〇分で着き、メーターもそう上がるわけではないので、私はしばしばこのコースをとった。これは贅沢と言えば贅沢なやり方だったが、しかしそれ故に、かなりたっぷり家での勉強の時間がとれたことは事実だ。授業の予習は東大時代からの講義のノートもあり、演習は大学院が主だったから既にやったことの繰り返しが多かった。けっして授業をみくびっていたわけではないが、準備に時間をとられることはかなり少なくてありがたかった。おかげで私自身の研究もかなり進んだと言わなければならない。そのことを少し書いておこう。

VIII

フォークナー研究の表と裏

以上のような経緯の中で、私自身はどんな状態であったか、文学的には、けっして自慢にはならないが、それまでかなり続けてきていたフォークナー研究が、還暦定年前の昭和五十二年（一九七七）にやっと最初の実を結び、『フォークナー研究1』として南雲堂から出版されたことが最初に挙げられる。私はいつしかフォークナーに魅せられるようになり、この研究のために、まず東大在任中の昭和五十年（一九七五）の四月から九月まで、アメリカ学術会議（ＡＣＬＳ）からの奨学金を貰ってアメリカへ渡り、主としてはヴァージニア大学（ヴァージニア州シャーロッツヴィル所在）のオールダマン図書館で原稿その他多くの資料を調べ、そこへの途次に立ちよったニュー・ヨーク公立図書館のバーグ及びアレンツ・コレクションズ、イェール大学のバイネキー図書館、シャーロッツヴィル滞在中に訪ねたミシシッピー大学図書館等の係りの方々のお世話で、貴重な生原稿やその他の資料を見ることができた。それに、ニュー・ヨークやシャーロッツヴィル、またミシシッピー州オックスフォード、さらにはインディアナ州サウス・ベンドなどで、さまざまな、既に名を知られたフォークナー学者から資料と説明つきで、いろいろ教えて頂き、最後にはカナダのトロント大学の、私に影響を与えたすぐれたフォークナー研究を書いたマイケル・ミルゲイト先生、それにフランスまで出かけて、これも憧れの方であったパリ大学教授のミシェル・グレセー教授にお目にかかって（グレセー先生は最近逝去され、私は追悼の辞を最近号の雑誌『フォークナー』に書いた）、またまた貴重な助言を頂いたものだった。

かなり大仰な研究の過程と見られるかもしれないが、私もまだ若かったし、それに何と言っても海外旅行の魅力と楽しさは、疲れを癒して余りあるように思われたものだ。ただ、昭和五十二年（一九七七）に最初の『フォークナー研究1』が出たあとは、気もゆるみ、今までの緊張を解く気持もあったせいか、いささかだらしなくアルコールに溺れ、誰かに折角の著書を悪く言われたときには、頭にきて悪酔いした挙げ句に軽い胃炎を起して少し吐血したために、数日間入院するという、馬鹿な目に会う仕儀と相成った次第であった。しかし、そのショックが落ちついた頃には、逆に自分のなした仕事に心落ちつき満足して、続くべき『フォークナー研究2』にも次第に思いを致すようになったものだ。その『2』も二年後の昭和五十四年（一九七九）に、『3』もその三年後の昭和五十七年（一九八二）に出、さらには三巻を一巻にまとめて、ごく新しいフォークナー研究書誌を付録につけた『ウィリアム・フォークナー研究　全一巻、増補版』となって新しく出版されることになったのである（一九九六）。

そしてちょうどその頃、私がかねてから漱石を折に触れて調べ、考え、一般論を書き（漱石とアメリカのメルヴィル、ホーソーンなどを比較考察した『「頭《ヘッド》」と「心《ハート》」――日米の文学と近代』［一九八七］にその代表的なものがある）、またその後、部分的に後期作品論を同人誌『同時代』や『文学空間』に書いたものを一書にまとめた『夏目漱石――近代という迷宮《メーズ》』（小沢書店、一九九五）が日の目を見ていたので、またもや喜の字（七十七歳）の祝いも兼ねて（しかもそれは表《おもて》に謳わずに）、一九九六年に私の出版記念会を東京プリンス・ホテルで開いてもらった。平石貴樹君らが中心になって開いてくれたのだが、大庭みな子さんや故平岡篤頼氏などが大勢出席してくれて、私の面目も充分に立つありがたいパーティだった。幸いそのときの記念写真が二葉ばかり写真帳に残っていたので、ここにそれを掲げさせて頂く次第である。

喜寿の祝をかけた出版記念会

平石貴樹氏（出版記念会の宴席で）

大庭みな子さんと平岡篤頼氏（出版記念会の宴席で）

補足として学会活動の裏側を

ところで、こうした間私は、早くから私の仕事の重要な一つとなってきていた、学会との関係ではどのような事態に入りこんでいただろうか。私も年をとってきて、日本英文学会とか日本アメリカ文学会といった大きな組織では、名前がどこかに出ている程度で、重要な仕事と言えば、学会の大会のあとのパーティで乾盃の音頭をとる位が落ちで、それもうまるでカンパイヤのような役になっていくのでは、いくら何でもありがたくなく、なるべく次第に次の世代の方に代わって頂くように頼みこんでいる状態なのだ。八十路《やそじ》ともなればこんな仕事しかないものかと、半ば諦めていたが、ありがたいことに、アメリカ文学界の私の周辺に、数人の熱心なフォークネリアンが立ちあらわれて、私もこの年になってからの夢もしくは願いとして、「日本ウィリアム・フォークナー協会」とでも呼ぶべき、英米文学会の部会と言うよりは、独立した小学会を持てばと思っていたのに、その方たちが自然に合流してきてくれて、そうした協会がいつのまにか、大変堅固に充実した小学会の形をとって成立するに至った。

これは私にとってまったく若返りの薬ともいうべきもので、自己活性化の契機を与えてくれたのである。その契機をもたらす中心となってくれた人々は、東京では平石貴樹、藤平育子、楢崎寛、林文代の諸氏、地方では広島の田中久男、高槻の山下昇の諸氏、それにボランティアも多く、まず『ウィリアム・フォークナー・研究と批評』という雑誌を南雲堂から発刊し、十号続いた。目ざす協会の機構は、目ざましくもあれよあれよという間にでき上がり、私はただ最初の会長としてその機構が自然に動き始めるのを見守っておればよかったのだ。

私がとやかく言うまでもなく、会則は自然に適切にでき上がり、会活動と、会員の論文活動、しかもそれを納める会組織と機関誌『フォークナー』は、内容及び外装がみごとに鮮かに仕上がって、私たちの誇りとなっている。それに会員の方々は、自らボランティアの役割も買って出て、例えばフォークナー研究に役立つ文献録を作り出そうとしている。私も幾らかの役には立ったが、まったく自然な出版展開、発展といったありさまだったのである。

この日本ウィリアム・フォークナー協会が正式に発足したのが、平成十一年（一九九九）のこと、十月十日に第一回全国大会が小倉の北九州大学で開かれ、翌日の十一日には、夕刻私のために傘寿の祝賀会、並びに『心ここに』二冊の出版記念会を開いてもらい、楽しく過ごしたが、帰浜する頃にはやはりかなり疲れていたようだ。行事が次々と重なる目まぐるしい数日だったが、ともかくも、この日本ウィリアム・フォークナー協会の発足は、さまざまな意味で高齢者の私にとっての最大の、そして恐らく最後のビッグ・イベントだったと言わなければならないだろう。それにこのイベントには先にも述べた協会機関誌『フォークナー』（年刊、松柏社）というすばらしい贈り物が伴い、第一号は、一九九九年四月にみごとな装丁（表紙にペン画のフォークナーの顔が描かれている）をまとって出版された。既にフォークネリアンとして名のある方々の、さまざまな形での評論が掲載され、まことにみごとに充実した、他にあまり例を見ないどっしりとした機関誌になっている。私も第三号から、「フォークナー〈鷹匠〉文学余聞」（「鷹匠」とは、Faulkner＞Falconerからきている）と称するエッセイを、たどたどしながら連載させてもらっているのだが……。

Ⅸ　信濃追分追想

先に言及した、中谷画伯のアトリエのある信濃追分（軽井沢にある）のことについて、今のうちに語っておきたいと思うので、一筆認《したた》める。しかし、追分のことは、一九九八年に上梓した拙著『心ここに―エッセイ集』に、かなり詳しく書いたエッセイが数編掲載されているので、ここでは要点だけを記そうと思うが、信濃追分の特徴は次の数点に纏め得るだろう。

（1）何と言っても江戸時代からの旧中山道《なかせんどう》の宿場で、旧北国街道と合する、一種の分岐点。ここで江戸からの街道は二つに分かれ、中山道が重要路となるから、分去《わかさ》れと別名のあるこの信濃追分が、各地にある追分の元締めのような感じで、各地の追分節もここが原点と見られている。

信濃追分節
浅間山しゃん
なぜ焼けしゃんす
すそに三宿もちながら

信濃追分馬子唄道中の基点となる踊り舞台
の準備中（杵をもつ右側が著者）

追分桝形の宿でよ
ほろと泣いたが
忘らりょか

小諸出てみりゃ
浅間の尾根によ
今朝も三すじの煙立つよ

従ってここには、宿場特有の本陣、脇本陣という旅宿兼遊楽地の名残《なごり》が、例えば油屋とか本陣旅館（今はない）その他の形で残り、仙洞《せんとう》寺という寺には正式の墓地のほかに、遊女たちの墓と言われる小さな墓石が犇《ひしめ》くように、多くは倒れて並んでいる。この寺（芭蕉翁の句碑もある）から江戸方面に向かうと、先に触れた油屋や神社があり、軽井沢はここから街道を真っすぐ辿れば行きつける。

ここに中途半端な写真を掲げたが、私が追分で夏を過ごすようになってからかなり立ってから土地の人々の提案で信濃追分馬子唄道中という行事が始まった。これは水戸黄門と助さん格さんを先頭に、江戸装束の五十人ばかりの馬子を先頭にして、浅間神社境内から分去《わかさ》れまで道中する催しだったが、第一回だったか先にふれた中谷画伯が黄門さんに扮して馬に乗り、高窪さんという別荘人と私が助さん格さんの扮装で供をしたものだった。ちょ

中谷画伯（氏の別邸の前で）

っとテレくさい役だったが、仲々やってみると楽しくて、冗談の一つも言いたくなるといった塩梅で、結構、楽しんだものだ。私は意外にこういった遊び的な行事が好きで、写真（一二〇ページ）もいずれ始まる道中参加者の勢ぞろいのための舞台作りを手伝っているところである。

最近では雰囲気もかなり変わってきたといわれるが、あるいは私などが引っぱり出された時が、最もはなやかな道中であったかもしれない。でもさらにこの行事が発展することを私は心から祈っている次第なのだ。

（2）明治、大正以後のわが国の近代作家で、この地に別邸を構えて作品を書き、名をなした人、あるいは作家でなくても評論や批評研究で注目された文筆家で、この地に別荘をもった人がかなり多い。有名なのは堀辰雄で、今なお元気な多恵夫人の活動も目ざましく、一九九三年には、故堀氏との共同生活の屋敷を増改築させて、堀辰雄文学記念館を設立、一般に公開されて追分の一つの名所となっている。開館当時は見学者も多く、夫人も中々多忙のようすだった。それ以後も、記念館の仕事だけでなく、夫人は追分在住の有名人として、この地で行っている夏の文化事業にも、忙しく手を貸しておられて、当地のかけがえのない文化人として存在しておられるもようである。それに、私は殆ど知らないのだが、追分に縁の深い作家としては、立原道造氏の名を挙げねばならないが。私がよく知っていたのは、作家としてではなく、文学研究者として古くから有名だった、フランス文学者で翻訳家でもあった故新庄嘉章先生で、夏には追分に住みつかれて、刻々にフランス古典文学の翻訳をしておられたようすだった。フランス文学翻訳では、新庄先生の黄金時代とも言うべきものがあったのではないか。

御年配の方《かた》から先に書き出したために、翻訳家の新庄先生の方へペンが向かったが(ほかにロシア文学の横田瑞穂先生や、私のよく知らない二、三の外国文学者がおられた)、実は年齢がもう少し若くて、一家をなしておられた方もかなりあるので、そちらへ話を向けると、まず私が最も親しくしていた早稲田大学ロシア文学科出身の故後藤明生さん、後藤さんより年上でやはり故人となられたが、私の山小屋の近くに住居をもっておられた故福永武彦さん、最近では小説の大著を次々と出している加賀乙彦氏、別荘はそれぞれ離れていたが、追分の文人たちの集りでときに会うこともあっ

堀多恵夫人（追分文化会館創立のとき）

たロシア文学の原卓也、江川卓さん、あるいは、これも最近亡くなられたが、フランス文学の故平岡篤頼氏とは、後藤明生さんを挟んで特に親しかった。小島信夫さんとも親しかったが、追分からずっと離れた三石付近で暮らしておられたので、会う機会はあまりなく、もっと古い所では、山室静氏もおられたが、もう遠い記憶の中でしかお会いしないありさまだ。

追分のことを書き始めると、文学的連想が働くせいか、思いがけず紙数を費やしてしまったし、このⅨ部の主題からも逸脱しがちであったが、しかし、やはり結局は「わが文学放浪の記」へ戻ってくるので、逸脱もまたそれだけの意味があったと思いたい所なのである。そして次の第X部の主題である「今はかくて」という主題へと、無理なく繋がってゆくと思える。この主題も、私自身の意識の流れのように連なり流れてゆくかと思うが、つきあってやって頂ければ、ありがたいと思う者である。

X　今はかくて

1

今はかくて、私は次々と書きとめることもひとまずは終えて、ペンも暫く休ませ、外なる社会の人間としての勤務ももたず、ただ自分で自分に課した仕事をいつかまた取り上げる覚悟だけは胸に抱き、毎日毎日、いずれ取り上げる問題の筋道を思い描いて検討してみていた。今ここにこうやって原稿用紙に向かっているのもその一端で、生活のことを気にする思いも殆どない。生活のための費用は、同居している次女に若干の預貯金の通帳を託して、彼女から支給してもらうことにしている。今や車椅子生活で食べるものもけっして贅沢にはならず、アルコールもせいぜいビール小一缶、金がかかるのは郵便料金、殊に速達とか書留にするとき、そしてもちろん、折々の広告を見て、自分のやっている文学の仕事に必要と見える書籍——これも余程の緊急性がなければ見送るし、最近では専門のアメリカ文学系の洋書も殆ど買わなくなってしまった。退歩、と言えばまさに退歩だが、退歩の中で自分自身を、そしてまた周囲の他者や広く外界を見守ると（これは本書でも私がしばしば用いたなくもがなの説法と同類だが）、いわばそのゼロの地点から、却って今後に辿るべき自己に忠実な論の筋道が、よりよく見えてくると思うのだ。

もとよりその筋道は、常によりよく見えてくるわけではない。殊に退歩の度合が強い場合には、あるいは筋道も何もかも、まるっきり見えなくなってしまうこともありかねない。それはそれでどうしようもないのだ、と今の私は思いもする。私の年齢になると、否も応もなくすべてが無になってしまう時が、いつかはやってくる筈だ。しかし、その時が予見できないからこそ、無（もしくは死）ということの意味が、あらわれてくるのであって、その意味とは予見できない限り死も無も結局は無であって、生と死、有と無の決定的な区別はつけられなくなってしまうということだろう。だから、たとい九十歳で死のうが、百歳まで生きようが、刻々の哀楽に変りはなく、そんな中ではむしろ、死を孕んでいるかもしれぬ無の中にこそ有があり生があらわれるのだと感じるより仕様がないのではないだろうか。――口先だけの説法だとけなされるかもしれないが、実際に今の私には、本当にそう考えるより仕様がないのである。

インタールード

かくて今の私は、御託《ごたく》とも見えかねない本項のこの文章を続けてゆくより仕方がないことになるが、そう腰を据えてしまえば、面白いことだって書こうと思えば書けるのだぞという思いがあることを記しておかなくてはならない。かつて私は、還暦を過ぎてから小説や短篇を何篇か書いたことがあったし、今でもその気になれば書けるという自負もあるのである。かつての私の小説では、本村《もと》祇《ぎ》三郎というのが主人公の名前だった。今もう一度祇三郎を原稿用紙に登場させてみれば、例えばこうもなろうか。

――「おい、ぎさ君よ」と相手が言った、「何だって君は、こんな東京なんて煩わしい所へ出てきたんだ。君の生まれた京都は、もっとおっとりしっとりした、住みやすい所じゃなかったのかい？　何だって……。」「いや、来てしもたもんをとやかく言える柄やないけど、事はそう思い通りにはいかへんで。君もそやないか、何でそんな煩わしい所《とこ》にいつまでもいるねん。京都がええんなら、さっさと京都へ行ってしもたらどうどす。へえ？」――本村祇三郎というのは、祇園の祇の京都風の派手やかさに、元は村出身だという地道さを兼ね合わせた名前の積りなのだ。……

拙著の『わが文学放浪の記』をご覧になった方は、その本の中で、かつて私が小説として雑誌（『群像』昭和五十八年十月号）に「時の淵」と題して書いた創作が、私の学生時代の仙台生活における恋愛沙汰を、本村祇三郎の物語に託したものであることを知られたかと思うが、「事実は小説より奇なり」と私自身も考えるものの、やはり小説というものは事実に奇を装わせるところに生命をもち、その装いにはやはり事実と真実の影がさしていなければならない。だから自伝小説と自分史とは一つにして二つという、厄介な二重性をそれぞれ担っているのであって、総じて言えば、文学というものは、まことに微妙な複雑さを孕んだものと言わなければならない。

例えばあなたが今小説を書こうと思い立ったとすると、どこから書き始めようかと考え、おそらくはまず何かの事実の記憶を元にして、想像力の働きによって奇なるものを、それも事実よりも奇なるものを描き出していかねばならぬことになるだろう。それがなかなかむずかしいので、ただ筆に任せてあまり考えることなく次から次へと書いてゆくことのできる人でなければ、筆が止まりがちになる。しかし、その困難と戦って自分の書き得る道を見出しつつ書き続けていく所に、初めて作家としてのゆるぎのない公的な姿勢が生まれ出てくるのだろう、と思うのである。こんなことを書いたのは、文学の方法に関る問題について述べたい気が一方にあるからだが、また他面、実は私自身が右に述べたような実践を続けてゆくうちに、もう高齢者になってからだが、いつしか止まりがちな筆をさらに働かせ続ける元気を失って、作品は主に短篇を既に四、五篇位は書き上げていたのに、さらに公的な活動として書き続けることを止めてしまったその苦い思い出に対する、現在における自己反省もしくは自己批判という意味でもあるのだ。それを本稿に書きつけておかなければ、「今はかくて」という公的な主題を繋いでいくことも出来ぬという意味で、ここに私の小説志向上の欠落を書きつけた次第なのである。

ところで、このように、今の私の私的な仕事や、その仕事にまつわる公的な面での不備について、主に本稿を書いてきたが、そうした公的な面との関りではなく、まったくの私個人に関る私的な情況について書くことは、いささか気が引けることだが、如何なものだろうか。前著では公的な出来事も書くべきことが多かったお蔭で、その間に私的な情況を写真などと共に挿入するのに、そう気おくれを感じることはなかったが、「今はかくて」私的なことをカバーしてくれる公的な面も、かつてほど多くはなく、プライヴェイトなこと自体も特に記すほど珍《めずら》かなものでもないので、いささか心が落ちこむ思いなのだが、しかし、極端な言い方になるのを敢えて恐れずに言えば、心が落ちこむということも、私的、公的に拘らず、それ自体まじめな主題として書きとめるに価するものとなるのでなかろうか。前著『わが文学放浪の記』では、私的な面では私と妻が結びつく過程や結婚にいたる情況も書きこんだし、私の兄や姉のこと、殊に姉のことは、現代の歴史との関係ありと感じた部分まで、かなり詳しく書いたものだったが、公的な他の部分との違和を感じることはまったくなかったのである。

補注として

といった理屈をバネに、心が落ちこむほどに乏しい私的な情況について敢えて語れば、これは既にいささか書きつけたところであるが、やはり車椅子生活を強いられている自分、というもののみじめさについて記さなければならなくなる。余りにも個人的な事情なので、前に触れたときは詳しく書くのが憚られたが、事実を言えば、もう数年も前になるが、思いがけなく道で転んで、ひどい腰痛の上に脚がきかなくなり、それで車椅子があてがわれて入退院を二度繰り返したあと、有能で力の強いプロの介護者である初老の婦人の介護を得て、今までずっと日々過ごしてきているといった次第なのである。車椅子と言っても、テレビで見ていると車椅子競争というのもある位だから、大したことはあるまいと思われるかもしれないが、私のような高齢の者には、左右の細い車輪につけた金属性の輪を押し廻すのも、かなり重くて疲れる上に、ずっと椅子に坐り続けているから、脚腰もだるく重い感じ。それよりも、椅子を漕ぐ時と、食事あるいは机に向かって仕事などをしている時のほかは、自分の思い通りに用を足すことができず、近くに所要の本が見えていても、動ける範囲が狭いから、手が届かなければどうしようもなく、見す見す生唾を呑みこむ始末である。

従って、所要の本を何とか手にとって、机上でそれを役に立てるまでは、心がはずむが、さてその本を仕舞う段になると、元の位置に戻すのがむずかしく、仕方がないから机上や手の届く範囲に置ける所があれば、置いてしまう。——今やかくして机上も、身のまわりも、どうしようもない書籍の山で、幸い調べ物もあまりしなくなったから周辺のもので何とか間に合わせてはいるのだ。

——あまり愚痴ばかり述べると、いよいよ以て自分の弱さを思い知らされるばかりなので、この件はこれでやめるが、人間晩年の苦労といったふうに、一般的な他人事のように言って済ましていることも、できないではない。相変らず両面性の問題だが、すべては結局また自分に返ってくることだから、言ってみても甲斐ないことと言わなければならない。この場合もやはり最後は無の意味の再考へと戻されるしかないのだろう。だからこれもこれでしかないことになってしまう。

2

かくて今は、最近の自分史風の事項として書くべきことは、つい先頃新しい拙著となるべきものの原稿を、さる出版社に渡したこと、及びある出版社の新企画たる文芸雑誌の第2号に、という約束で、あるエッセイを書いたこと、くらいしかないといった情況である。それらの本とエッセイは、もう既に出版になったので、両者の題名を挙げると、本の方は、ちょうど今から四年前に『花の色』として舷燈社から出版してもらった、私の作った俳句に、その背景をできる限り俳諧的に批評説明する散文の文章を添え、「私《わたくし》句私評」と及び腰に名づけた本の「第二篇」である。「第二篇」とは名づけたが、恐らく私の高齢化と、外の世状一般の知らぬ間《ま》の大きな変化のせいだろう、前著の型を踏襲することが必ずしもうまくいかず、形は同じく作句と俳文からなってはいるが、中味は前著の大体季に応じての、人間と自然の漸次な交わりの充分な展開のようにはなり得ていない。それよりも、どうやらむしろ、こうした本を書くということは何を意味するかといった、自己の、この場合は私の俳諧傾向の欠落部分と懸念されるものを処理することが、かなり先走っているようだ。これは、俳諧論的と言うよりは、むしろ文学論的とでも言うべき姿勢であって、句作とその解説（私は前にはそれを「〈私《わたくし》〉句私評」と名づけたものだった）によって、むしろその姿勢を浮き立たせてしまったのである。

しかし、私はけっしてこれをすべて誤りとして否定するつもりはない。たとえ当面の問題が、文学性よりはむしろ諧謔性を基本とするべき俳諧にあっても、その根底にある人間性には、文学も孕んでいる倫理性というものも含まれている筈であり、そうした意味での人間性に注目することは、一面極めて正しい姿勢と言わなければならない。ただ、今一面と書いたように物事には常に両面があり、その両面性《アンビヴァレンス》は常に考慮の対象となるべきであって、私の『花の色』第二篇でも倫理性に対する諧謔性は、究極的な回帰点として意識の中に暗示されている筈なのである。しかもその逆の倫理的な面も、ときに思いがけなく突出しかけて、あらずもがなの立言を導き出したということもある（ある箇所では、大歳時記の使い方のシンドサとかいった方向にまでペンが走った）。それでもこの本が、ある向きの方々にある程度の刺激を与えることへの自信も、ないわけではなく、この本の与える刺激があれば、それはそれで私として意味のあることで、元気づけられることになろう。

　この機会に、私の俳句論、俳諧論を少し示せという要望が、本書編集者の側から出たので、正規の俳人でもない私は、要望を断るべきか、いや、むしろ逆に、素人ながら心深くに育んでいる俳諧についての私的な思いを、ためらうことなくぶつけるべきかという、またもや二者択一に迷ってしまう。ぶちつけるというほどの自信もないから、結局はぼそぼそとした語りに何とか血肉をこめることになるだろうと思うが、まず第一に断っておかねばならぬことは、今の私は俳諧の座というものをもたずに、自分の句作を発句として、それにつける付句は、私自身のわが句に対する批評としての俳諧的思想を短い散文で書きつけることにしていることだ。自ら名づけて「私《わたくし》句私評」と呼んでいるのだが、次第に個人の枠組に縛られて、他者を含めた俳諧の豊かさ、広さを奪われて、先に触れた固苦しさ故の自己喪失を強いられてしまうことになる。

だから、これはだめだということになろうが、この私的方法における唯一の良い点、捨てさることのできぬ美点は、俳諧の座でそのすぐれた特質となる、付句のもたらす諧謔性をもひとたびは拒否して、発句者の抜きさしならぬ自己自身――言い換えれば俳諧（ここでは文学と言い変えてもいい）の個としての、句作者個人としてのかけがえのない姿――をどこかに刻みつけることができると思う点である。できると思う点であって、できないこともあるかもしれない。しかし、どこかに人間の個というものは存在している筈であり、句作者としての個も、もしそれをないと言い得るならば、そう言い得る所にこそ、言い換えれば無ということの中にこそ、逆にそれはあると言い得る、いや、言うべきではないか。私は、俳諧における諧謔こそ、まさにその無から生まれ出るものであり、それにはやはりどこかに、いわば逆説的に人間の個というものが関っていると信じるのである。

以上は、私のまったく個人的な立場であり、見解であって、一般には通用しがたいかもしれないが、しかし、それは本書のような自伝的、あるいは自分史的文章を書くに際して、いつも「わが文学放浪」の弁明、いや、根拠となってきているものだから、ここに挿入して大方の参考、いや、批判に供する次第なのだ。

もう一つの方の、新しく発刊されたある雑誌へ寄稿した文学評論的エッセイについて言えば、これももう既に出版されて、わが国文壇の長老的なすぐれた作家である小島信夫さんの特集であって、しかもこの作家の作品から選んだ一点について、作家及び作品の独特な面について論ぜよ、といった形になっていた。短い文章だから、読まれた方は何だこんなものかと思われるかもしれないが、名を明かしてしまえば、水声社という出版社から出はじめた『水声通信』という雑誌の第2号で、私が選んだ主題の一点は、小島さんの『別れる理由』であることをとにかく知らせておく。原稿用紙の許容枚数もそう多くはなかったから、大して書き立てることもなかったのであるが……。

この小島さんの作品の特質を敢えて二、三挙げれば、一つは作者の分身らしき中年(としておこう)の男性を一応の主人公として、彼の妻や縁者たちが他者を交えて織りなす家庭の情況を主な筋として書いてゆくが、確か主人公の妻の方に何か神経症的障害があり、主人公自身には他の女性との全く表面的な関りもあって、縁者、他者関係をも含めて人間関係は極めて複雑になってゆく。その複雑な関係を作家が語ってゆくわけだが、複雑さが極限までくると、ただの外面的な語りでは済まなくなり、作家は登場人物、殊に主人公の内面に入っていかなければならなくなる。つまり、作家も登場人物の一人（名前はまだ名乗れないが）となって、主人公をも交えた複雑な人間関係をいわば裏側から眺め、語り、また別の実在の人物が登場するという（ここでは著名な男女の作家が顔を出すことになっている）、いわゆるメタ的な語り（文学）を、その困難さにもめげずに一つの作品として完成したところに、その特質はあると言っていいのではないか。私の説明が不充分で戸惑われる方もあるだろうが、これ以上書くと、余計な御託的批評をつけ加えることになってしまうから、説明は一応以上に留めさせて頂きたい。

XI　大研——わが勉強会

今まで私及び私の周辺にまつわる事柄をいろいろと書いてきたが、もうそろそろ書き尽したかと思う時点になると、今度は書き落したことがふと思い出されてきて、それを書きつけないとまだ穴があいているような気がしてくる。極めて身近な件なのに書き落したのは、「大研」と言って、私の苗字の大に研究会の研をつけた、かつてからの大学院の学生たちをすべてメンバーとする勉強会のことで、これは私的な学術的研究会だから、公的な学術研究のことを書く時には記述は思いつかなかったし、私的な関係では逆につい公的なものと見なして思いつかなかったのだ。しかし、実はもう三十年ほども前に、大学院生たちをわが家に招待して、ビールなど飲みながらかなり熱心な勉強会を開いていたのが元になって、この大研はでき上がったのである。私の亡妻のもてなしで、その会の面倒をよく見てくれて、結構滑り出しはよかったのだが、ビールのお蔭でか滑り出しがよすぎて、規律が少し乱れがちで、ついにそちらの方は解散になり、そのあといつしか、もっときちんとした研究会を作ろうという話が出てきて、牧野有通君や村山淳彦君に根本治君、また確か少し若い楢崎寛君や福士久夫君あたりが中心になってくれ、きちんとした夏の大研が誕生したのだった。

大研テニスグループ

根本治氏優勝

そうした中のメンバーとしては、他に筒井正明、亀山照夫、本間武俊、國重純二、田中啓史、平石貴樹、湯原剛、池田孝一、折島正司、佐藤良明、椿清文、渡辺信二、小林憲二の諸君、女性では荒このみ、林文代、黒田有子、保坂嘉恵美の方々等であり、研究会としてはその年に出た会員の論文（それの載った本とか、紀要論文）をとりあげて、皆で論評を交わすのが主であった。私もその対象になったことがあるが、一般に事の本質に迫る厳しい評が多く、私たちがその年の文学的な批評の軌跡を辿れるような、有益なものが多かった。だから、緊張もかなりあったろうが、あとは打ちとけてだべったり、ビール、昼食を共にしたり、あとで書くようにテニスを楽しむグループもあって、私にとっては大研の夏の集まりはその一年の象徴となるイベントでもあったのである。

そして私たちは夫婦で長野県の軽井沢町追分に小さな避暑小屋を建てていたので、ある夏大研の会員を追分の油屋旅館（だったか本陣旅館）に招んで勉強兼座談会とパーティーを開いたところ、どうやらみんなの気に入って、翌年からは年一回、夏休暇の終り頃の八月末か九月始めに、右の旅館で（本陣旅館はまもなく使えなくなり、油屋を主とする事態になっている）正式の大研の会を一日目午後に開き、牧野君の別荘ができてからはもう一回、翌日午前中に研究会をその牧野君の追分別邸で開かせてもらうことになり、以来ずっと長く和気藹藹、もしくは侃侃諤諤裡に勉強会を続けてきたのである。二日目の昼は、車をもっている人には徒歩者を救ってもらい、追分別去《わかさ》れにあるラーメン屋で昼を食べたあと自然解散、有志の数人が残って、別去れとは反対側の国道近くにある庭球クラブに行って、優勝を競う。偶然そのときの写真が残っていたので（一四六ページ）、ここに二枚掲げさせてもらう。

補としてもう一つ

次に書くことは、「文学放浪」とは直接関係はないが、それが続いていた間はもちろんそれ以後も、私の心の底に常に埋もれているものとして、文学にも無意識の内に深く大きな影を投げかけてくれたという意味で、一筆簡単に書きそえさせて頂く。というのは実は私は、東大を定年退官してから数年前まで約二十年間、大抵は週一回、喜多流の謡曲を喜多門下の先生から習い、脚がまだ健全だった間には仕舞も数曲学んだものだから、そうしたわが国の古典的芸能から私流に言って文学的刺激を得たことを、やはり「わが文学放浪」の重要な一面として述べておかねばならないと思うのである。（前著の『わが文学放浪の記』のⅢに、昭和初年頃のわが歌謡曲マニア時代について書いたが、同じ音楽的なものでありながら、この二つはどう結びつくのだろうか。）わが師は、喜多流職分の内田安信先生、御年は高齢ではなく、お元気で私が習っていた間ずっと厳しく、しかしついてゆきやすい稽古をつけて下さった。習った曲数もかなりになり、もう少しでちゃんとした免状を頂ける筈だったが、例の病いで無念ながら断念。脚が痛くても正座のために座ぶとんを膝の裏に挟んで稽古できる間は、そうすることを許して下さったし、本番での能楽堂の舞台でもそれを認めて頂いた。仕舞の最初と最後の正座だけできないが、舞そのものは支障なかったから、仕舞の出来る間は私には楽しい緊張の数十分だった。

実は私は、子供の頃京都の町家《まちや》で、父が観世流の謡曲と仕舞を演ずるのを見ていて、子供ながらある感触を覚えていたし、旧制東京外国語学校では学生仲間の謡曲部に属して宝生流を、東北大学学生時代には謡曲部で観世流をといった、まことに節操なき謡曲かじりで、定年後喜多流に入って初めて本格的な修業をした次第である。誰に紹介されて入門したか忘れてしまったが、稽古場は主に逗子の熊野神社の稽古部屋で、通うのにちょっと時間がかかったが、それでも静かな澄んだ環境で、力をこめて謡っても、さわやかな感じでありがたかった。稽古場で顔を合わせる方々は、交替で稽古が進んでゆくからそう多くはなく、かなりたってから（前にも横浜市大の件でお名前を出した覚えがあるが）英語学の山元卯一郎先生をお誘いしたり、偶然だったが、海軍予備学生のとき一期上の上官だった矢内原伊作大尉（ご承知の方もかなりおられると思うが、以前の東京大学総長矢内原忠雄氏の子息）がこの内田安信先生の会に所属されていることが分かり、ときどきお会いして、兄弟子としてのかなり手厳しい忠言をたまわったものだ。その他にも親しくした方は何人かおられたが、脚の障害で私の方からお稽古をやめてからは、滅多にお会いせず、御無沙汰の失礼を重ねてしまっているわけである。

ところで、習ったどんな曲が私の心に残り、私の文学志向に関っているかという点になると、そのすべてだと答える以外に、特にこれをと取り立てて述べる力は私にはない。二十曲以上は習っていると思うが、全曲覚えているのは僅かだろうけれど、一部を思い出すと、次々と前後の文句をも思いだすという、ちょっと不思議な事態もある。これは歌というものの重要な特性だが、謡曲ではその点が極限にまで達するので、さすが古典というものの力だ、と感銘するのである。例えば『巴』という曲があるが、これなどこの字面《じづら》だけ見ていると、あっけらかんとして、曲の中の字句が何も思い浮かばない。しかし、何かの拍子で、はっと巴《ともえ》御前《ごぜん》のことを思うと、私など全曲ではないが、クライマックスの前後の曲の言葉はすらすらと思い浮かぶのだ。例えばつきそってきた木曽義仲の死をみとったあと、いざ一戦《ひといくさ》という段になると（今手もとにテキストがないので、字にまちがいがあるかもしれない）「かくーゥて御前《ごぜん》の立ち上がり、見れば敵《かたき》の大勢《おおぜい》、あれは巴か女武者ァ余すな洩すなと、敵《かたき》手しげくかかればァ、今は引くとも逃るまじ、いで一戦《ひといくさ》嬉しやとォ、巴ェ少《すう》こしも騒がずゥ……」となって、戦いは巴一人の大勝利となるのである。

喜多流能楽記念館での稽古風景

私の経験からすれば、『巴』はある程度稽古が進んでから習ったので、最初のうちはやはり『羽衣』とか『高砂』とか、あるいは『忠度』『田村』『竹生島』『八島』『湯谷』とかいった所ではなかったか。『柏崎』や『邯鄲』『山姥』なども習った覚えはあるが、のちに習った曲になるにつれて段々むずかしくなっていった覚えがある。そのむずかしさに負けたわけではなく、身体障害で謡曲も仕舞も諦めてしまったことは、くり返し無念と言わなければならぬが、その限られた謡曲体験を通じても、私は、音声と言葉との密な関り、また曲や舞曲はもちろん、いわゆる小説にも同様な文学的効果が働いていることを確認して、私自身の立場の正当性を幾度《たび》目かに確信してもいいのではなかろうか、——ついつい私自身の立場を強調する形になって申し訳ないが、本書にもし何かのメリットがあるとすれば、それ以外にないかもしれないとも思えて、今まで、思い留まる意気も薄れ、読者諸子に駄文へのおつきあいを願った次第であり、そうしたことすべてに、御寛容をまたあらためてお願いする次第である。

おわりに

この本を書き出す前、私はそれまでの他の文章の仕事に一応けりをつけていたため、急に無風状態に落ちこんだような憮然とした気分になり、何か確然たる気合いを持ち得るような新しい文筆上の仕事を持ちたいと願って、いささか鬱々と考えこむ状態になった。が、その内に、そうだ、やはり、いったい自分がこうした状態に落ちこんでいるのは何故か、言い換えれば、私の前著に言う「わが文学放浪」は今どんな地点に立ち至っているのか、を問い直す以外にこの一種の窮境を脱することはできないと思いつき、いろいろ考え続けている内に、いつのまにかふとまたボールペンを手にとって、前の『わが文学放浪の記』の終ったあとのその続きのようなものをまた書き始めているのだった。始めはなかなか気合いが入らなかったが、何度も書き直して想を新たにしている内に胎《はら》は次第に定まって、しかしゆっくりと現在の時点に至るまでの『文学放浪の記』の続きを書き継ぎ、それにまた手を入れつつ、今の形に書き上げるに至ったのである。その今の形になっている今の時点が、けっして決定的な終りの時点ではないから、この本が未完であるのは無論のことだが、それでも「わが文学放浪」の究極的な成りゆきの大きな部分は、ここに露《あら》わになった筈であり、筆者である私もそれを今やじっくり見直す立場に立っているが、読者諸兄姉も、それをいささかであれ、見すかして下されば、ありがたいのである。私は今、この本は無論のこと、前に本文で書いた、既に世にあらわれている別の拙著や雑誌論文がどんなふうに世に受けとめられるか、楽しみと恐れをもって、待ち受けている所だが、しかし、営々として長く拘ってきた前著と本書が、私の身と心を何とか満足させてくれていることは事実である。

　もちろん、よくもこれだけと思う一方で、まだまだこれからもと思い直すことで、新たに元気を得ていることもまた事実だ。事の成り行きは成り行きに任せるより仕様がないが、ともかくも一応の満足を得る仕事を果し得たことを喜び、それを可能にするのにいろいろと力を貸して下さった方々に、心からの感謝の辞を捧げねばならない。この本の上梓を可能にしてくれた出版社南雲堂、特に上梓の具体的な面である内容構成の点で、いろいろ助言を頂いた編集部の原信雄氏に深甚の謝意をここに表したい。また本書で言及させて頂いた私の友人知己の方々、特に名前を挙げさせて頂いた方もあるが、名を挙げずに言及させて頂いた方々にも、心から御礼を申しあげたい。そして読んで頂いた読者の諸兄姉に感謝の意をこめたご挨拶をお送り申し上げる。

なお、前著でも最後にいささか触れたが、そこでは「病臥の床にある」と記した私の妻の善恵が、その後まもなく横浜の病院で他界したことを、本書の成立に影ながら大きな助力となってくれた彼女への私の感謝と冥福の祈念として、僭越ながらここに付記させて頂く。本書の出来栄えにも、彼女の他界の衝撃が影響してはいないかと心配だが、それはもちろん私自身の責任だから、どうかそんなことはご放念を。最後に私の気持として本書を、読者諸氏へと同時にわが妻にも捧げることを、お許し下されたく。……

著者について

大橋健三郎（おおはし　けんざぶろう）

大正八年（一九一九）京都中京《なかぎょう》の町家（呉服卸商の家）に生まれる。小学校を終えて京都市立第一商業へ進むが商業科目には馴染めず、英語を好み、昭和十二年東京外国語学校英語部文科に入学する。英文学に親しみ、また漱石を耽読した。昭和十六年東北大学法文学部文学科に英文学専攻の学生として入学、土居光知教授に師事し、多大の影響を受ける。漱石門下の阿部次郎、小宮豊隆教授に接して、漱石及び俳文学に傾倒。しかし戦時のため二年半で繰り上げ卒業し、海軍予備学生、次いで予備士官として内地の勤務を転々とする。敗戦後、仙台工専で教壇に立ち、昭和二十三年横浜市立経専、次いで横浜市大、昭和三十年には母校である東京外国語大学に奉職し、アメリカ文学研究に没頭する。昭和三十七年より東京大学文学部へ、昭和五十五年に定年となる。その間に、いま、第一線で活躍している文芸評論家やアメリカ文学研究者を多く送り出した。その後鶴見大学文学部へ移り、平成三年に退職。現在、東京大学名誉教授、鶴見大学名誉教授。

　主な著書に、『荒野と文明』『頭と心——日本の文学と近代』（研究社）、『フォークナー研究』全三巻『人間と世界』〈アメリカ文学論集〉『古典アメリカ文学を語る』（南雲堂）、『夏目漱石——近代という迷宮《メーズ》』（小沢書店）、『心ここに』〈エッセイ集と文芸批評集〉『文学を読む』（松柏社）、『花の色』（舷燈社）、『わが文学放浪の記』（南雲堂）、『花の色』第二篇（舷燈社）。訳書に、スタインベック『怒りのぶどう』（岩波文庫）、フォークナー『行け、モーセ』（冨山房）などがある。

わが文学放浪は今

二〇〇六年七月二十五日　第一刷発行

著　者　大橋健三郎
発行者　南雲一範
装幀者　岡孝治
発行所　株式会社南雲堂
東京都新宿区山吹町三六一　郵便番号一六二-〇八〇一
東京電話（〇三）三二六八-二三八四（営業部）
　　　　（〇三）三二六八-二三八七（編集部）
振替口座　〇〇一六〇-〇-四六八六三
ファクシミリ（〇三）三二六〇-五四二五
印刷所　啓文堂
製本所　長山製本所

乱丁・落丁は、小社通販係宛御送付下さい。
送料小社負担にて御取替えいたします。
〈1B-301〉〈検印廃止〉

ISBN4-523-29301-5　C3098